es 1575

edition suhrkamp

Neue Folge Band 575

D1875698

»So erheitert und begeistert hat mich in letzter Zeit kein anderes philologisches Buch wie diese Mischung aus Aphorismen, Abhandlungen und Rhapsodien eines Büchernarren. Philologe ist Ulrich Holbein in dem Sinne, daß er für alles, was mit dem Schreiben, Drucken und Lesen von Wörtern und Worten zu tun hat, für sämtliche Akzessoires und Akzidenzien des Geistes in Gestalt von Büchern einen Blick hat – ein Auge, das dem Zitat und dem Lesezeichen, der Fußnote und der Anstreichung, dem Radiergummi und der Tinte, dem Papier und dem Papierkorb ihre verborgene Systematik und ihre Erotik ansieht... Mehr wird nicht verraten über dieses atemberaubende Büchlein.«

Jörg Drews, Süddeutsche Zeitung

Ulrich Holbein, geboren 1953, lebt in Nordhessen. In der *edition suhrkamp* erschienen außerdem *Der belauschte Lärm* (es 1643) und *Ozeanische Sekunde* (es 1771).

Ulrich Holbein
Samthase
und Odradek

Suhrkamp

edition suhrkamp 1575
Neue Folge Band 575
Erste Auflage 1990
© Suhrkamp Verlag Frankfurt am Main 1990
Erstausgabe
Alle Rechte vorbehalten, insbesondere das der Übersetzung,
des öffentlichen Vortrags
sowie der Übertragung durch Rundfunk und Fernsehen,
auch einzelner Teile.
Satz: Hümmer, Waldbüttelbrunn
Druck: Nomos Verlagsgesellschaft, Baden-Baden
Umschlagentwurf: Willy Fleckhaus
Printed in Germany

2 3 4 5 6 7 – 03 02 01 00 99 98

Inhalt

Bibliophile Pathologie

Organologie des Schreibzeugs

Samthase, Odradek und Hydra

Bio-Fantasien

Bibliophile Pathologie

Schlechte Gesichtsfarbe. Krimis werden verschlungen. Pflichtlektüre wird durchgekaut. Philosophische Traktate sind schwer verdaulich. Weltliteratur wird geistige Nahrung genannt. Der Leser verspürt Lesehunger. Johannes, der Visionär, aß ein Buch, das im Bauch, laut Luther, zwar etwas krimmete, aber süsse in seinem Munde/wie honig war. Wer ein Buch weglegt, obwohl er erst auf Seite 3 ist, läßt ein angebissenes Brötchen fallen. Wer ein Buch überfliegt, schlingt die Suppe hinunter, ohne hinterher angeben zu können, ob sie Petersilie enthielt. Wer ein Buch durchstudiert, weiß um die ärztliche Grundregel, daß man jedem Happen 37 Kaubewegungen schenken solle. Wer mit dem Bleistift liest, stochert schon während des Essens, nicht erst hinterher, mit dem Zahnstocher im Schlund herum – wobei der Bleistift den umgekehrten Dienst verrichtet: er entfernt nicht Teile, die sich festhakten, sondern will Stellen festhalten, die sich verflüchtigen könnten. Das Einlegen des Lesezeichens gleicht dem Öffnen und Schließen des Kühlschranks beim Wegstellen der Reste, Lektüre für Minuten dem Zwischenimbiß, der Schutzumschlag der Alufolie. Der Klappentext gibt Auskunft über Kommastellen und Vitamine oder empfiehlt, das Buch vor Gebrauch so lange zu schütteln, bis Pulpteile und Sedimente in Bewegung gekommen sind. Der vereidigte Lebensmittelchemiker wird zum Erfolgsautor, das Dr. vom Dr. Oetker unablösbarer als der Doktorhut von Doktor Martinus Luther. Der Maracuja-Trinkgenuß wurde aus dem Polynesischen oder Afrikanischen oder Exotischen ins Deutsche übersetzt. Brocken, die nach beendeter Mahlzeit noch einmal kurz hochkommen, sind befreundet mit Zitaten, die sich nach ihrem Kontext sehnen.

Es besteht allerdings ein wichtiger Unterschied zwischen Buch und Speise. Die wie Buchseiten gestaffelten Scheiben einer Wurstplatte sind, nachdem sie in den Hungrigen einwanderten, aufgegangen in ihm. Das Buch bleibt übrig – auch dann, wenn bloß sterbliche Verse in ihm stehen. Auch dann, wenn es den Stempel Mängelexemplar trägt; auch dann, wenn es als Paperback auftritt und in solcher Gestalt leicht verderblicher Ware ähnlich sieht. Alles, was in ihm stand, bis hin zum letzten Komma, steht immer noch in ihm, so, als wär alles gar nicht gelesen worden. Der Lesende wird satt, ohne dem Objekt zuzumuten, mit Speichel und Verdauungssäften in Kontakt treten zu müssen. Nachdem es vom Auge verzehrt wurde, ist es zweimal vorhanden: einmal im Innern des Lesers, wo das Gelesene so eingreifend durchgeknetet, vor allem so ausgesiebt wird wie real Gegessenes, dann aber nach wie vor als ein – schlimmstenfalls ein wenig zerlesenes – Bestandstück seiner Privatbibliothek. Die Strafe für solches Übrigbleiben schlägt sich auf das Aussehen des Buchs nieder. Jedes Buch, unabhängig vom Inhalt, sieht wie angestrichener Zwieback aus, wie Trockenbrot, wie Dosenkost*, wie Dörrobst; aus guten Gründen zählt dergleichen nicht ausgerechnet zu den Lieblingsspeisen des Lesers. Übriggebliebenes, unabhängig vom Nährwert, leidet an der Zukunft, die sich verkürzt, indem der Verfallstag heranrückt. Jedes Ungelesene leidet an der duftenden Gegenwart, die ihm fehlt. Von keiner Pizza con funghi muß erst der Staub fortgepustet werden, und kein Pfirsich, selbst ein unreifer nicht, trägt eine so schlechte Gesichtsfarbe wie ausnahmslos jede Buchseite. Was nicht verdaut wird, verdirbt sofort; das Buch aber steht jederzeit

* Büchsen werden übereinander, Bücher nebeneinander gestapelt.

Abb. 1 Holzstich von Gustave Doré, 1854

da, haltbar bis Ende 1999, bereit, verkonsumiert zu werden; fähig, jede Bücherverbrennung zu überstehen, vom Krankenbett aus. Die Speise überlebt den Esser.

Nächtlicher Juckreiz. Der Übergang von der Zahnraduhr zur Digitaluhr hat den Verlust des Sekundenzifferblattes, dieses winzigen Gesichts im Gesicht des Zifferblattes, mit sich gebracht. Uhren ohne Sekundenzifferblatt gleichen Bühnenwerken, in denen keine Spieler auf die Bretter kommen, um Musik in der Musik zu machen. Selten öffnet sich im Zitat ein weiteres, anderes Zitat. Selten sind auf Gemälden Museumsbesucher zu sehen, die soeben vor Gemälden haltmachen, auf denen Gemälde zu sehen sind. Glücklicherweise gibt es zahlreiche Bücher, in denen Bücher vorkommen, Don Quixote wäre ohne das Buch im Buch gar nicht zu Don Quixote geworden. Der leptosome Held, laut deklamierend, mit dem Degen skandierend, sitzt im umschwirrten Ohrensessel, umschwirrt von Schlachtroßgewieher, Dromettenklang, Schwerterklirren, Flugsaurierflügeln. Geharnischtes ist in Bewegung gekommen, eherne Wappentiere, edle Frauen und trutzige Mannen; Lesezeichen wurden zu Wimpeln auf höchster Zinne, zu zuckenden Lindwurmschwänzen: ohne die überhitzte Phantasie, die dies alles aus herumgeworfenen Büchern hervorzieht und ohne die das verjährte Kampfgeschehen gar nicht in überhitzte Bewegung geraten würde, hätte dieses Kampfgeschehen keinen Rostlöser gefunden. Es wäre unter unaufgewirbelter Staubschicht stumm geblieben, verkapselt in Schriftzeichen, die von ihrer Ungenügsamkeit nichts wissen. Wo keine Hebamme zu bekommen ist, muß es ohne Hebamme gehen. Überhaupt ist nicht jeder Hautausschlag auf eine Hand, die ihn wetzt, unbedingt angewiesen. Das Eigenleben zeitweise ungelesener Bücher zeigt sich, wenn es sich zeigt, als heimliche peristaltische Revolte gegen die eigene Winterstarre, und zwar von Anfang an, am Anfang besonders deutlich. Kinderbüchern geht es nicht anders als ihren Lesern. Wenn sie lange stillgehalten haben, müssen sie sich einfach bewegen. Auch Büchern können die Extremitäten, die sie nicht haben, einschlafen. Auch Bücher erkranken an Dekubitus. Nachts – und sei es bloß innerhalb eines Buches – rascheln Bücher mit ihren Seiten: Rumpelstilzchen, Mumin, Herr Ärmel, Knox, ein Samthase und ein weises Pferd treten hervor. Old Shatterhand tritt hervor. Alf, Otto & Super-Goofi treten hervor. Solche Bewegungen präludieren drollig den Primat des Objekts; es meldet sich Adornos Tendenz des Materials. Es will von sich aus hierhin und dorthin und vor allem aus dem Buch heraus. Walter Benjamin tritt hervor und Hans Christian spielt taoistisches Verschwinden des Malers im Bild gegen Andersen aus, wo Menschen aus einem Bilderbuch herausgehen und sprechen. Trotzdem halten sich alle Kinderbücher weiterhin dicht auf der Seite Andersens, sie sagen lieber A als B, in Lisa Tetzners *Su und Ageleia* werden nachts die Seiten laut und lesen sich selber vor. Taoistisches Hineinverschwinden ins Bild wird zwar in Hegels Entäußerung des Subjekts ins Werk volljährig. Doch sieht dergleichen aus pädagogischer Sicht immer noch unerwachsen aus. Phantasielosigkeit sagt weder B noch A, sie kennt bloß das Kind, das in einem Buch mit phantasieanregenden Qualitäten blättert. Hingegen in taoistischer Sicht müßte es möglich sein, einen Punkt zu finden, von dem aus Benjamin und Andersen versöhnt werden könnten. Beides, sowohl das Wandeln durch Kulissen, die sich verschieben, als auch das Rahmensprengen von Figuren, in denen das lesende Kind verschwand, wird jeweils von Buchdeckeln umschlossen, die tagsüber dicht sind und nachts semipermeabel, ja permeabel werden können. Dann werden Inhalte und Figuren, je nach Möglichkeit, umfangen von einer Nacht, in der der vergeblich erwachende Leser, der überall erst auf Seite 11 ist, die harmlose Rache verschläft, die die Buchhelden an ihm nehmen. Diese Nacht, samt ihrer unruhigen Einlagerungen, stellt nicht die letzte Zwiebelschale dar. Eine weitere Hülle, diesmal ein Tag, schließt sich um alles: ein Wachgebliebener verachtet den Non-REM-Schlaf des winzigen Lesers oder Autors, dessen Büchlein er zusammenklappt, derweilen er selber im 80-Watt-Licht einer noch übergeordneteren Schreibtischlampe – seinem Tag – zu einem anderen Buch greifen darf. Er schlägt es auf, ehe die Seite, auf der er selber steht, und zwar sitzend steht, umgeblättert wird, dorthin umgeblättert, wo er sich, falls er am Ball bleibt, weiterhin befindet. Über ihm fließt das Rauschen immer großformatigerer Buchseiten zusammen zum Dauerton des Universums. Dieser Dauerton paßt gut zu der Langeweile jener Nutzflächen, deren einstiges Waldesrauschen, am besten Buchengehölzrauschen, abwanderte in reihenweise zuklappende Bücher, dorthin, wo es in Gestalt eines Gedichts von Eichendorff geknebelt hockt und letzten Endes zugeben muß, daß ohne ein impressionables Hirn, das ihm ein Minimum an Do-it-yourself-Aktion entgegenkommend zugesteht, von selber wenig rauscht und juckt, unangenehm wenig. Fixsterne, die von keinem Teleskop gekitzelt werden, Ausschläge, die kein Fingernagel wachhält, werden dermaßen unzuverlässig, heilen dermaßen ab, daß die Bemühungen späterer Teleskope und Fingernägel nicht immer fruchten.

Du würdest größeren Nutzen aus der Lektüre ziehen, wenn du dir die betreffenden Stellen mit bestimmten Merkzeichen versehen wolltest.

Augustinus zu Petrarca im zweiten Gespräch von Petrarcas *Das Geheimnis – Gespräche über die Weltverachtung*, 14. Jahrhundert.

Ich für mein Teil bin ein Unterstreicher jener Stellen, die mir zusagen. Ich nehme einen Bleistift und in wilden Lagen des menschlichen Lebens den Fingernagel und male an. Wenn ich dann das Buch noch einmal lese, dann weiß ich: »Hier ist gut ruhen – da paß auf«.

Kurt Tucholsky, *Soll man das tun?*, 1929.

Man lese unbedingt mit mehrfarbigen Stiften, grün anstreichend was als Gedanke interessant, blau was zu lernen, rot was als satztechnische Anweisung zu merken ist, Aufgabenstellungen gelb . . .

Diether de la Motte, *Kontrapunkt*, 1979.

Gelegentliche Unterstreichungen im Text oder mit Bleistift an den Rand hingekritzelte Ausrufezeichen – Spuren eines lesenden Vorgängers, die ich in Büchern ansonsten nicht eben schätze – stören mich in diesem Fall nicht, denn so spannend läuft die Erzählung dahin, so munter

> perlt die Prosa, daß ich die Bleistiftspuren gar nicht mehr wahrnehme, und wenn ich es doch einmal tue, dann nur in zustimmendem Sinne, denn es erweist sich, daß mein lesender Vorgänger – ich habe nicht den geringsten Schimmer einer Ahnung, wer es sein könnte – es erweist sich, sage ich, daß jener seine Unterstreichungen und Exklamationen just an jenen Stellen angebracht hat, die auch mich am stärksten begeistern.
>
> Patrick Süskind, *Amnesie in litteris,* 1986.

Zur Pathologie der Randanstreichungen. Wer mit dem Bleistift liest, bekundet damit zunächst, daß er zu den Erwachsenen zählt. Als ABC-Schütze und eventuell Abiturient war er der Bedrohung durch den Rotstift ausgesetzt, mittlerweile darf er selber zu Gericht sitzen und sublimierte Punkte verteilen. Das Rot wurde zum blassen Grau; der Bleistift verteilt keine Tadel mehr, sondern klopft auf die Schulter: Gut gebrüllt, Löwe! Wann ein Brüller gut war, weiß kein Anstreicher. Falls es einem Buch gelang, aus einem Guß zu sein, müßte ausnahmslos alles angestrichen werden. Falls ein Buch schlechter zu sein wagt als der Leser, könnte das Anstreichen wie das Lesen entfallen. Wo ein mittelprächtig durchwachsenes Buch es alle zehn Seiten zu einem Goldäderchen bringt, steht nicht in jedem Fall eine Sternstunde bereit, um das Gold dieses Äderchens mit der Spitzhacke zusammenzuführen. Angestrichene Stellen entpuppen sich verdächtig oft als die unbedeutsamsten, leider oft als die, die sich, auch ohne Anstreichung, ganz besonders leicht einprägen lassen, Kopfthemen, deren Gegenstimmen überhört werden, sobald das Mitpfeifbare der Kopfthemen mitgepfiffen wird. Der Strich, mit dem die kantable Stelle verhaftet werden soll, fällt zugleich als Schlagbaum zwischen dem Leser und dem Text nieder. Zwar findet der Leser jederzeit, falls er sich nicht im Nadelholz der Anstreichungen verzettelt, leicht zurück zur einsam rauschenden Lichtung, von der er das Gefühl hat, daß sie aufgefrischt werden müßte, trifft dort aber kaum auf anderes als die eigene Duftmarke. Falls die Stelle, über der er das Bein hob, zufällig eine tatsächlich sozusagen anstreichenswerte war, wird sie in der Schonfrist, in der sie zu ihrem Glück vergessen wurde, versucht haben, sich zurückzuziehen. Zwar steht die umwerfende Parole immer noch da. Da aber ein Wächter neben ihr steht, ist ihr Graziöses, falls da welches war und zum Anstreichen verführte, verschwunden, samt Sinn. Das Angestrichene rächt sich am Anstreicher, indem es ihm ein vergebliches Wiedererkennen beschert. Weil der Anstreicher von Anfang an gewußt hat, daß Wichtiges besonders gründlich vergessen werden möchte, hatte er das Wichtige überhaupt erst angestrichen.

Ein idealer Anstreicher wäre der, der den Liebesblick, der ihn aufmerken ließ, wenigstens halb verstand. Wer ihn nicht verstand, möchte, rührend ungeschickt, das Flüchtigste umarmen, es sich im Gedächtnis einverleiben, also ihm treu sein. Aber er weiß sich keinen Rat als den unpassendsten: der Verheißung den Keuschheitsgürtel überzustülpen. Der unsensibelste Anstreicher dagegen bleibt der, der statt Bleistift einen Kuli oder sogar Text-Liner oder Text-Marker wählt: unsensibel leider auch dann, wenn es bloß darum geht, einen Text nach bestimmten Infos abzugrasen. Schon die Namen solcher Text-Marker klingen nach schwerstem Geschütz, lauten am liebsten »Stabilo Boss«. Schon greift das Knallbunt der Puddinge und Ampelanlagen auf Deutschstunden und Seminare über und macht »einen Text von Kafka« zum gelbsüchtigen Verkehrsgarten. Nichts leuchtet auf in ihm, dem Geschrei der Leuchtstoffe zum Trotz. Filzstifte, Kugelschreiber, Faserschreiber machen Schluß mit der sympathischen Ausradierbarkeit des Bleistifts. Wo Bleistiftstriche mit den Stellen, die sie umzingeln, insofern korrespondieren, als diese Stellen gleichfalls ein Unabsolutes, ihr Bestes, mit sich führen, das bei Berührung sich einrollt, begnügt sich Leuchtschrift nicht mit Berührung. Sie besetzt rigoros und irreparabel Stundenbücher, als wären es Stundenprotokolle, sie schneidet dem Text den Kontext und sich selber die Reue ab. Ins stumme Buch peitscht der analphabetische Strich hinein. Unerklärlich, wie angestrichene und unterstrichene Stellen dergleichen aushalten! Jedes Anstreichen beschädigt das Vakuum, auf welchem die Worte liegen und das diese zur Füllung ihrer Hohlräume und zur Einbettung ihrer Buchstaben brauchen. Jedes Unterstreichen überklebt alles, was zwischen den Zeilen stünde. Jedes Herausheben begrenzter Passagen vergeht sich an der Unbegrenztheit, die das betreffende Buch gar nicht besitzt, aber die es, und sei es in Opposition zum Autor, zwischen seinen Deckeln sicherstellen möchte.

Und trotzdem wohnt in allen angestrichenen Stellen irgendein Faktor, der das Anstreichen provoziert hat, ein Faktor, der bei der Geburt des Text-Markers gierig Hebamme spielte. Gewisse Paukenschläge fordern ein Mitstampfen, gewisse Finalsätze Applaus. Manche Stellen gebärden sich dermaßen prägnant, daß den Ohren- und Bleistiftspitzern kaum anderes übrigbleibt, als ihnen auf den Leim zu gehen. Sie streichen sich sozusagen selber an, zunächst, indem sie kursiv oder gesperrt gesetzt sind, oder ganz buchstäblich: indem in sogenannten Schulbüchern neben den fettgedruckten Merksätzen sich ein Signalstreifen einfindet, unausmerzbar wie das zu Merkende, röter als der vorerst unsterbliche, allenfalls durch punktverteilende Computer ablösbare Rotstift. Die Zersetzung geschriebener Sprache in optischen Rohstoff hört seit längerem nicht auf, zum Anlauf anzusetzen. Nikolaus von der Flüe konnte nicht lesen, doch las er oft in einem dreiseitigen Buch: die erste Seite war, als wäre ein Rotstift ausgelaufen, rot – hier galt es über das Leiden Christi zu meditieren; die zweite Seite war, als wäre ein Schwarzstift ausgelaufen, schwarz – hier galt es über die verdorbene Welt zu meditieren; die dritte Seite, unbedeckt von Worten und Anstreichungen, war weiß – hier galt es über die Reinheit Gottes zu meditieren.

Wo sich in der unbeleckten Zone zwischen Schriftsatz und Seitenrand tatsächlich einmal ein Strich zur Marginalie krümmt, landet er entweder bloß beim Fragezeichen oder bloß bei der unrichtigen Eindeutschung eines im Text vorkommenden Fremdworts. Oder bei Sätzen wie diesem, der am Rand eines Lukácstextes gefunden wurde: »Daran scheiterte Kant.« Die Kümmerlichkeit von zeitgenössischen Randbemerkungen in Büchern aus Leihbüchereien, Uni-Bibliotheken und Antiquariaten wird selten von WC-Sprüchen unterboten, die immerhin noch nach Vers und Einfall tasten, und mündet zurück in die Lapidarheit von Urtextbrocken. Um heranmarschierende Bleistiftheere abzulenken, läßt Literatur alle paar Meter oder Zentimeter eine Schlüsselstelle fallen, zieht sich zurück in scheinbares Brachland, solches, das nie und nimmer angestrichen würde, und hört von innen dem Getöse zu, das die unendliche Jagd nach des Merkens würdigen Stellen mit sich bringt. »Für beschmutzte, beschädigte und verlorengegangene Bücher und Zeitschriften ist Schadenersatz zu leisten. (Unterstreichungen und Randbemerkungen gelten als Beschädigung.)« heißt es in der Benutzungsordnung solcher Stadtbüchereien, die den Entleihern das Benutzen vermiesen wollen. Solche Paragraphen leiden an einer Mischung aus Christentum und Putzfimmel. Dem besudelbaren, bewachten Bestand soll geholfen werden: So lange soll er heil bleiben, bis eines ausbleibenden Tages ein Leser nahen mag, der alle Pieptöne der Verbuchungsvorgänge fortblasen, auf keinerlei Leihfrist zu achten haben und der endlich erstmals lesen wird – und anstreichen.

Zuwenig Fieber. Zum Temperaturhaushalt sekundärer Literatur. Die Inseln Wak-Wak. Tulifäntchen. Komet im Mumintal. Novalis. Gilgamesch-Epos. Doktor Allwissend. Der Zauberteppich. Kalif Storch. Das Narrenschiff. Klabund. Nonnos von Panopolis. Ouroboros. Das wahre Buch vom südlichen Blumenland: Jedes Buch zeigt zunächst den Rücken. Aber durch die Augen des Rückens blickt die Unendlichkeit der insgesamt unauslesbaren Sammlung. Der Büchersammler als Pascha: sein wandernder, nervöser Blick versetzt die Gewänder, Umschläge, Schultern, Schleier, Titel und Blicke in Bewegung. Die Privatbibliothek als Harem: ihr parfümierter Tanz findet lautlos statt. Das ungelesenste, unverborgbarste, noch nicht durch täglich aus allen Bundesländern neu eintreffenden Nachschub beiseitegedrückte Buch, ein schlanker, nie gesehener Band, wird sichtbar zwischen angelesenen, neuwertigen Exemplaren, aus denen vergilbte Lesezeichen hängen; wird sichtbar zwischen gleichmäßig wohlbeleibten Geschwistern, solchen, die alle im selben Augenblick hervorgesprungen sind und alle mit demselben Altgold blinken: Drillinge, Sechslinge, Achtlinge, Zwölflinge, Vierundzwanziglinge; Frühwerke: matronenhafte Jungfrauen; Spätwerke: unberührte Matronen – umschwänzelt, berochen, verbucht von herandrängenden Aufpassern, ebenfalls Büchern, geilen Eunuchen, die mit fummelnden Blicken Tag und Nacht Duft und Luft durcheinanderzwitschernde Schönheit atmen müssen, atmen, inhalieren wollen, ohne berühren zu dürfen – sekundäre Literatur. Sie stürzen sich, mit ungewetzten und gewetzten Krummsäbeln, auf die ambrosischen Brosamen, die die Achtlinge und Zwölflinge von Zeit zu Zeit fallen lassen, speicheln mit ihren tauben Zungen Zitate ein, stecken sie in den Knast ihrer eigenen, magensaftlosen, unwichtigen Bäuche. Sie reißen sich das Material gegenseitig aus den Schläuchen heraus, Krümel verlierend, Fußnoten, Kommastellen. Sie merken nicht, daß der unzugängliche Garten von ihrem Drinherumstiefeln nichts merkt. Die Konkubinen, in Erwartung des erregten Sultans, des idealen Lesers, behandeln die Windmacher als Luft; der Sultan berührt Seite 19. Weiterblättern wird er, atemlos weiterblättern, quer durch den Abend, durch atmende Hügel, geölte Täler: wirklich verdauen, statt einzulochen und vollzuhauchen. Doch nanu! Je idealer der Leser, desto leerer die eingenommene Festung. Das Buch wendet sich gegen den Leser, indem es sich als zuklappbar erweist. Der Leser wendet sich gegen das Buch, indem er zu vergessen anfängt, was drei Seiten vorher beeindruckt hatte. Die Nacht wendet sich gegen Leser und Buch, indem sie den Morgen zuläßt. Über dem weiter daliegenden Buch steht, mit kartoffelkeimfarbenem Nichtgesicht, sekundäre Literatur und rackert sich ab am nicht Entzifferten. Das wurde unleserlich in der versieglichen Träne des idealen Lesers, der über der Lektüre einschlief, im Schlaf weiterlesend.

S y m p t o m F u ß n o t e. Den Gänsefüßchen und Fußnoten müßte untersagt werden, auszusterben; weniger, weil Bücher von ihnen wimmeln sollten, als schlicht ihres Namens wegen.* Gänsefüßchen, die es verkraften, nicht überall vorzukommen, wollen statt dessen oft genannt sein, und zwar

* Vor allem Gänsefüßchen teilen in diesem Punkt das Schicksal solcher Bücher, die umsonst die Hände nach der Leuchtkraft ihres Titels ausstrecken.

speziell: »Gänsefüßchen« – und nicht etwa »Anführungszeichen«. »Anführungszeichen unten« und »Anführungszeichen oben« hören nicht auf, nach Diktatheft-Immanenz zu riechen; Gänsefüßchen erzwingen im bescheuerten Joch jeder Doppelstunde ein Löchlein, durch welches ein Lächeln rieselt. Lächeln wird weggewischt, bevor noch die Gänsefüßchen ausgewatschelt haben. Gänsefüßchen geraten außer Sichtweite, wenn die Fußnoten größer werden.

Wenn Gänsefüßchen Gänsefüße hießen, wäre es um sie geschehn.* Fußnoten weigern sich, eine Kindheit gehabt zu haben. Sie fallen auf kein Kindchen-Schema herein und können doch dem Märchenreich nicht ausweichen. Denn im Machtbereich des Kleingedruckten, den sie übervölkern, lauert auf ewig der Staubsauger im Hintergrund. Sie waren nie klein und erreichen nie die Größe der Erwachsenen. Sie kleckern zeitlebens hinterher. Einstmals, bei Kant und Schiller, hielten sie sich stets in der Nähe des Textes auf. Sie fußten unter ihm. Oben braust der Hauptstrom; unten werden altchinesisch zusammengedrückte Füßchen ins lupenwinzig** gedruckte Rinnsal*** gehängt****: Füßchen,

* Nicht jedes Ding überlebt die eigene Entniedlichung. Gänsefüße stehen der Gänsehaut und den Krähenfüßen näher als den Gänsefüßchen.

** Manche Fußnoten des 19. Jahrhunderts verzwergen zu augenfeindlichen Mini-Minuskeln. Sie wollen es sich sichtlich mit jedem Leser verderben. Obwohl sie wichtig sind und das wissen, ziehen sich die Spuren am liebsten unter den gelblichen, fleckigen Schnee des Papiers zurück. Sie bevorzugen das Selbstgespräch.

*** Dieses Bild hinkt. Denn Fußnoten sind Schrumpffüße und Rinnsal in einem.

**** Seit Jahrzehnten trödelt das ohnedies Nachhinkende dermaßen, daß es auf der Strecke blieb, allenfalls extrem weit hinten, im Ziffernfiligran des Anhangs, zu finden ist, um jedem, der es lange suchte, weiszumachen, es gehöre dazu. Ein Hauptgrund für das Zurückbleiben und Sichverkriechen war ganz ohne Zweifel der Wunsch, das flapsige Wort Fußnoten loszuwerden, einen ausgelatschten Schuh. Wissenschaft, hervorgekrochen aus ungelüftetem Klassenzimmer, will ihre Eidhelfer an *einem* Ort zusammenpferchen. Sie kann das Durchnumerieren nicht lassen. Klassische Fußnoten strebten dem Großgedruckten eifrig zu beweisen, daß sie im Grunde ein denen es teilweise schwerfällt, rechtzeitig aufzuhören. Wären sie tatsächlich großgedruckt oder größer gedruckt, sie würden zwei, drei, vier halbe Seiten verbrauchen müssen, ehe man zum genauso groß Gedruckten zurückkehren dürfte, das dem entlaufenen Notabene mit offenem Mund nachguckte.* Um mitzukommen, müßte so lange vorgeblättert werden (meistens bloß eine Seite), bis der Anschlußzug verpaßt werden könnte (nämlich beim Zurückblättern). Der Reichtum des Stoffs bringt es mit sich, daß sich das Zusammenhängende auseinanderlebt. Wo es sich nicht bloß um Interventionen des Herausgebers handelt, sondern um Exkurse des Autors, gabeln sich die Gleise; die zweite Geige möchte sich aufschwingen zur Kontra-Kantilene. Sie schwingt sich auf; bevor es aber zu realer und planmäßiger Zweistimmigkeit kommt, erinnert sich der aufgegangene Blumenkelch, daß er doch eigentlich Knösplein hätte bleiben sollen, und läßt sich vom breiten Stamm, der gewartet hat, überrollen. An diesem Punkt wollte Sprache zu Musik werden. Sie wurde nicht zu Musik. Die ausufernde Fußnote wurde zur Räson gebracht, schnurrte spätestens im 20. Jahrhundert zum P. S. zusammen, einem P. S., das mittlerweile kaum noch anderes bereithält als refraktären Minimalkram, Nachweise, laufende Nummern, möglichst vierstellige, die Ortsangaben der Tatorte. Fußnoten depravierten zum Gekrümel, das unter den flugunfähigen Teppich gekehrt wird und sich am hinteren Buchdeckel,

ebenfalls Großgedrucktwerden verdienen. Sie stehen vor der Tür wie üppig gefüllte Nikolausstiefel. Ihre Feinde vergleichen sie mit Geschwulsten, die zwar bloß unter- und nicht innerhalb des offiziellen Organismusses ihr sei's auch gutartiges Wesen treiben, die aber von dort aus schwer schließbare Wunden schlagen: hinein sogar in noch nicht abgelaufene Sätze. Ihre Freunde möchten sie mit Sandsäcken verglichen wissen, solchen, die unbedingt, damit das Ganze steigen kann, abgeworfen werden müssen und von denen manche sich ihrerseits zu steigenden Ballons mausern.

* Im Zentrum des offenen Mundes steht das Sternchen oder die Zahl: ein Irrlicht, das auf vorübergehende Abwege führt.

im Sammelbecken einer Kläranlage, unschön staut. Übrig bleibt nicht einmal die Freude des Setzers an verschieden großen Drucktypen, die bei der Geburt der Fußnote eine wichtige Rolle gespielt haben muß. Übrig bleiben »Anmerkungen«: ein Zwangsverband mit Hand und Fuß in Reih und Glied. Texte verbannen Teile ihrer selbst in den Apparat, um Haupttext genannt zu werden. Sie hören sich nicht anders an als ihr Apparat, trotzdem möchte sich die wichtigere der beiden Hälften, in die das Unwichtige unnötigerweise zerfällt, vom Apparat nicht stören lassen. Ihren Apparaten gegenüber tun die Texte so, als wären sie ein Ganzes, ein Abgedichtetes, ein Fensterloses, in das von außen kein Kleckervölkchen hineingucken darf. Der Kommentar behängt sich mit den Emblemen des Kunstwerks. Ohne Fußnoten keine Pseudohermetik. Ohne Fußnoten ginge es beim Bedecken der Blöße nicht wissenschaftlich zu. Dissertationen aller Art dürfen zu ihrer Verteidigung anführen, daß sie die Phantomschmerzen ihres Fußbereichs aus wissenschaftlicher Pflicht heraus nicht ablegen durften, kein Doktorhut ohne Fußnoten. Dort aber, wo sie Gelegenheit hätten, aus solchen Jugendschuhen herauszuwachsen und den Quellenverzeichnissen ihrer fortlaufenden Publikationen etwas Quellwasser zuzuführen, verebben die Fußnoten keineswegs. Mit Vergnügen schlagen die Phantomschmerzen in Fußkrebs um. Die Seitenzahlen der üblichen Dichter und Denker haben im Apparat jederzeit eine bunte Reihe zu bilden mit den bibliographischen Angaben der Produzenten sekundärer Literatur. Im Fußvolk der Fußnoten streichelt sich die sekundäre Literatur, die das Weltauge als Wirtstier benutzt, masochistisch die eigenen Schwundköpfchen. Über die Persönlichkeitsstruktur von Conterganfüßchen kommt keine Fußnote hinaus. Was den Fußnoten fehlt, wäre eine Fußmassage, die sie zurückführte an jenen verheißungsvollen Scheideweg, wo Philosophie um

Abb. 2 Scherenschnitt von Margitta Schäfer, 1984

ein Haar polyphon geworden wäre. Statt dessen wird der Leser hin und hergescheucht wie im Bestimmungsbuch und im Lexikon.* Alle Fußnoten sehnen sich danach, statt in »wissenschaftlichen Publikationen«**, in experimentierenden Romanen vorzukommen, die auf Arno Schmidt & Wieland weiterbauen würden und wo ihnen einfallsreichere Fußpflege winken könnte.

* Oder in Illustrierten, wo es nicht selten heißt: Fortsetzung auf S. 56. Abgelaufene und im Buch geronnene Zeit fängt, wo ein Buch aufgeschlagen wird, neu von vorn an. Ein Buch hinten beginnen heißt den Altersschwächetod des just Neugeborenen sehen wollen. In einem Buch oder einer Illustrierten hin und herflitzen zu sollen heißt die Zeit mißachten, die zwischen erstem Tropfen und Delta dahinfließt, ihr die Ruhe zu rauben und in Raum umzuwandeln, in eine Nutzfläche voll Zickzack und Fluktuation. Wissenschaftler des vorigen Jahrhunderts, der fußnotenlose Darwin, der fußnotenlose Brehm, spürten nichts von solchem Verkehrslärm.

** Wo sie sich nicht verbessern, sondern bloß vermehren durften.

Die prinzipielle Berechtigung zu Organentnahme bei Verstorbenen wird von ethischer Seite ganz überwiegend bejaht.

Transplantationschirurgie,
herausgegeben von R. Pichlmayr, 1981.

Zur Pathologie des Zitats. Wenn Angestrichenes herausoperiert wird aus dem Buch, in welchem es wohnte, an einen anderen Ort verschleppt wird, nennt man es ab diesem Zeitpunkt »Zitat«. Links und rechts werden zwei Blutegel angesetzt, Gänsefüßchen, die nicht saugen, sondern schützen. Auch die Heimat des Zitats erleidet keinerlei Schaden; denn keine weiße Stelle entstand. Die Mutterpflanze schickte eine Knospe in unverdichtetes Draußen. Darin muß es das Zitat ab sofort aushalten. Nie könnte es heimkehrender Sohn spielen. Denn der Familienverband muß der berechtigten Meinung sein, daß gar kein Sohn verloren ging. Wenn Angeklagte oder Geister zitiert werden – »Aber um die Geister zu zitieren, / muß ich mich in Magie informieren« (Karl Simrock) –, steht der dienstbare Geist oder der Angeklagte ausschließlich vor Richter oder Zitator, nicht gleichzeitig dort, von wo er herzitiert wurde. Textstellen dagegen pflanzen sich mit Hilfe des Zitierenden fort; ihr Ausgestreutwerden und Auswandern diente hier und da dem Überleben des Textes. Texte umfangreicher Sanskrit-Literatur, oder die Schriften der Vorsokratiker, komplett wie sie waren, bedurften nachsokratischer und chinesischer Akribie beim Zitieren aus damals noch nicht Verschusseltem und Verschwundenem, um es wenigstens zu Fragmenten und Verfälschungen zu bringen. Ausnahmslos jedes Zitat, auch das nicht umgemodelte, nicht gekürzte, sieht sehr anders aus, trotz identischen Chromosomensatzes, als die daheimgebliebene Textstelle, der Anstoß des

Zitats. Hier, an diesem Punkt, täte sich eine Doppelfundgrube philosophischer Zwillingsforschung auf. Daheimgebliebenes und Exiliertes leben sich sofort dergestalt auseinander, daß alle Identität nicht hilft. Die Macht des neuen Umfelds ändert das unveränderte, ausdrücklich wörtliche, wiederholt nachgeprüfte Zitat. Dessen Schicksal heißt Einsamkeit. Als antiquarische, stumme Kommode steht es im Summen links und rechts aufgestellter Zentralheizung und Kühlschränke. Jedes Zitat wirkt deplaciert. Seine Gänsefüßchen fungieren als Gitter oder Graben zwischen Gaffer und der frisch importierten Attraktion, ohne Aussicht auf Integration. Oft fehlt dem Schaustück, dem alles Mitspracherecht, die Entscheidung, ob es überhaupt hier sein möchte, entzogen wurde, ein Schwanzende, ein Zwischenglied, gekennzeichnete Auslassungen wurden in den Körperteilsalat eingelassen, von eckigen Klammern zusammengehaltene Hohlstellen. Wo Zitate dicht aufeinander folgen, wird ihre Zusammenkunft verhindert durch Grauzone, die von Parallelstellen und Querbezügen redet, statt gleichfalls zu leuchten. Zitate sind die Gucklöcher oder sogar die Augen der sekundären Literatur, Argusaugen, die nichts bewachen, sondern die bewacht werden. Für ihre Sehkraft werden sie bestraft, nämlich interpretiert. Jedes klassische Zitat wiederholt en miniature das Schicksal der Weltliteratur, aus der es stammt. Zitatartig steht die Weltliteratur, die Provokateurin der Zitierfreudigkeit, kompakt und bedeutungsprall in bedeutungsschwacher, schlackenüberladener, zersiedelter, unliterarischer Welt. Weltliteratur konnte entstehen, indem beliebige Realien in relativ ungeahnte Zusammenhänge gebracht und dadurch belebt wurden, so lange, bis ein exklusives Hauptgericht – benamst Ambrosia – dampfen durfte, eins, das sich seine fragwürdigen Zutaten – vor allem Schuhsohlen – nicht mehr anmerken läßt. Sekundäre Literatur kommt zustande kraft ihres

Kampfs gegen Literatur: was zusammenschoß und verschmolz, wird zerschnitten, zerhackt, durch Fleischwölfe und Knochenwölfe gejagt. Man saugt sich auf Lebenszeit fest am ewigen Euter, ohne daß umsonst Leuchtendes und umsonst Lutschendes viel voneinander merkten. Jedes Atomzeitalter muß ein Zeitalter des Zitierens sein; Literaturwissenschaftler und Naturwissenschaftler geben sich die Hände im Zerkleinern von Materie und Texten. Der allgemeine Zitiertrieb ist dermaßen heftig geworden, daß der Vorrat des ewigen Füllhorns nicht nachkommt und mittlerweile die ungeflügeltesten Worte ungeniert ähnlich flügellose zitieren: Wohin das Zitieren führen kann, hat, bevor es übertrieben wurde, Goethe geahnt, der dem Zitat selten den Eintritt in seine eigenen Zitatlandschaften gestattete, es allenfalls vor deren Toren als Motto aufstellte, er ahnte es in den folgenden Passagen: »Gedächtnis ohne angeborenen Gehalt führt zu Stubengelehrsamkeit, angeborener Gehalt ohne Gedächtnis führt zur Schwärmerei. Stubengelehrsamkeit führt zum Rückgriff, ohne den sie es an keiner Stelle lang zu treiben wüßte, Schwärmerei bleibt nicht ohne Rückfall, solange sie sich des Rückgriffs nicht zu bedienen weiß. [...] Wir alle leben vom Vergangenen und gehen an Vergangenem zugrunde. Wer sich auf Vergangenes stützt und, um der eigenen Gegenwart die Ärmlichkeit auszutreiben, die Leistungen der originalen Köpfe anzuführen trachtet, wird der Zukunft eine Stütze schuldig. Wer sich vom Vergangnen nicht terrorisieren lassen mag, ohne seinerseits der Schuldner der Vergangenheit zu werden, muß sich der Vergangenheit auf jede Weise zu bemächtigen suchen. Weil die Vergangenheit selber ein Schwankendes und in weiten Strecken Fragwürdiges bleiben wird, muß es sie im Sinne gefüllter Gegenwart und im Auftrag erst noch zu füllender Zukunft, wo nicht von Grund aus umzuformen, so doch sie mildtätig und insgeheim zu veredeln gestattet sein.« In diesen wichtigen, von der sekundären Literatur auffallend ungern zitierten Zeilen spricht Goethe ausschließlich solchen Schriftstellern das Recht zum Zitieren zu, die ihrerseits potentielle Zitate in die Welt zu setzen in der Lage sein werden. Seine Empfehlung, aktiv ins Vergangene einzugreifen, statt in falscher Pietät auf es zurückzukommen, würde jener Autor beherzigen, der sich heutzutage die Glorie klassischer Zitate zunutze machte und erfundene Zitate lieferte, sie in ganz besonders dicke Gänsefüßchen setzte, sie von besonders klangvollen Namen stammen ließe, am besten von Albertus Secundus, siehe Glasperlenspiel. Adrian Hsia, der Anglistik und Germanistik studierte, entlarvte ein erfreuliches Beispiel: »Wer überhaupt ist oder war Meng Hsiä? Franz Baumer betrachtet ihn in seiner Hesse-Biographie als historische Gestalt. Dabei stützt er seine Annahme auf die ›Worte des Meng Hsiä‹ (altchinesisch):

›Wenn einer alt geworden ist und das Seine getan hat, steht es ihm zu, sich in der Stille mit dem Tode zu befreunden.

Nicht bedarf er der Menschen. Er kennt sie, er hat ihrer genug gesehen. Wessen er bedarf, ist Stille.

Nicht schicklich ist es, einen Solchen aufzusuchen, ihn anzureden, ihn mit Schwatzen zu quälen.

An der Pforte seiner Behausung ziemt es sich vorbeizugehen, als wäre sie Niemandes Wohnung.‹

Diese ›Worte‹ hat Hesse an seiner Wohnungstür in Montagnola angebracht, um unerwartete Besucher zur Umkehr zu bewegen. Peter Heinz Herzog, der den Einfluß Chinas auf Hesse untersuchte, bringt Meng Hsiä – Herzog hat in seinem Aufsatz den Umlaut vergessen – in einen Zusammenhang mit Li Tai Pe und Thu Fu und behauptet, diese drei Dichter aus der Tang-Dynastie seien es gewesen, die Hesse am stärksten beeinflußt hätten. War Meng Hsiä wirklich ein Dichter der Tang-Dynastie? Weder unter den namhaften noch unter den weniger bekannten Dichtern jener Zeit läßt sich einer dieses Namens finden. Auch sonst findet sich unter den uns überlieferten Persönlichkeiten der Literatur und Philosophie Chinas kein Meng Hsiä.« Ein paar Lesesekunden später schreibt Adrian Hsia: »Trotzdem habe ich eine Anzahl von Sinologen von Weltrang um Auskunft über diesen Meng Hsiä gebeten [...]. Doch keiner von ihnen ist diesem Namen je begegnet.«

Wo sich in einem Zitat von Adrian Hsia ein Meng Hsiä-Zitat einlagert oder in einem Adornozitat ein Benjaminzitat: »Walter Benjamins ›Einbahnstraße‹ enthält das Aphorisma: ›Zitate in meiner Arbeit sind wie Räuber am Weg, die gewaffnet hervorbrechen und dem Müßiggänger Überzeugungen abnehmen.‹ Von dieser polemischen Kraft eignet einiges auch musikalischen Zitaten.«, öffnet sich hinter dem Guckloch ein weiteres Guckloch, wartet die Iris mit einer Pupille auf. Ein noch gesteigerterer Durchblickseffekt stellt sich in einem anderen Adornozitat ein; diesem: »Ein Modell solcher Art ist für Wagner nicht ebenso leicht zu finden. Aber der Chor der Entrüstung, der Thomas Mann antwortete, als er im Zusammenhang mit Wagners Namen den des Dilettanten nannte, zeigt an, daß er einen Nervenpunkt traf. ›Sein Verhältnis zu den Einzelkünsten, aus denen er sein »Gesamtkunstwerk« schuf, ist des Nachdenkens wert; es liegt etwas eigentümlich Dilettantisches darin, wie denn Nietzsche in seiner wagnerfrommen »Vierten Unzeitgemäßen Betrachtung« über Wagners Kindheit und Jugend sagt: »Seine Jugend ist die eines vielseitigen Dilettanten, aus dem nichts Rechtes werden will. Ihn schränkte keine strenge erb- und familienhafte Kunstübung ein. Die Malerei, die Dichtkunst, die Schauspielerei, die Musik kamen ihm so nahe als die gelehrtenhafte Erziehung und Zukunft; wer oberflächlich hinblickte, möchte meinen, er sei zum Dilettantisieren geboren.« – Tatsächlich und nicht nur oberflächlich, sondern mit Leidenschaft und Bewunderung hingeblickt, kann man sagen, auf die Gefahr hin, mißverstanden zu werden, daß Wagners Kunst ein mit höchster Willenskraft und Intelligenz monumentalisierter und ins Geniehafte getriebener Dilettantismus ist. Die Vereinigungsidee der Künste selbst hat etwas Dilettantisches und wäre ohne die mit höchster Kraft vollzogene Unterwerfung ihrer aller unter sein ungeheures Ausdrucksgenie im Dilettantischen steckengeblieben. Es ist etwas Zweifelhaftes um seine Beziehung zu den Künsten; so unsinnig es klingt, haftet ihr etwas Amusisches an.‹[1] Grobe Ungeschicklichkeiten im Satz und in der Akkordverbindung werden tatsächlich erst seit dem Lohengrin getilgt; Fehlleistungen der Modulatorik, des harmonischen Gleichgewichts lassen noch in den Meistersingern sich beobachten.« – Wo Interpretation ihr Parasitisches abstreift und es zu tatsächlicher Interpretation kommt, bleibt das Zitat nicht länger ein Beutestück, das aus dem anhängselhaften Alltag herausleuchtet, ohne ihn zu blenden und zu bekehren. Sondern es kann sich, je dichter ein Text wird, sogar zu einem Störenfried und Perforierer umwandeln. Nicht das glücklich einverleibte, also keinerlei Narben und Nähte hinterlassende Fremdwort, sondern das umfunktionierte Zitat erscheint alsdann als silberne Rippe – während Goethe- und Kafkazitate bei Emrich und Hörisch eher wie goldene Mittelpunkte aussehen, die aber am Wegrand vergammeln. Überall, wo viel zitiert, oft sogar ein und derselbe Brocken mehrmals hintereinander aufsteigt, riecht es nach Hamsterbacken. Glücklich beginnt ein Zitat erst dort zu werden, wo es das Zwangshemd, die Gänsefüßchen, loswird, vom Servierteller herunterspringt und als abgewandeltes oder verstecktes Zitat weiterlebt.

Das indirekte Zitat führt zum abgewandelten Zitat, das abgewandelte erlaubt sich produktive Untreue gegenüber dem festgefahrenen Wortlaut seiner Herkunft, um der Voraussetzung dieses Wortlauts, Produktivität, treu zu bleiben.

Wörtliche Zitate* spielen Schildkröte im Zeitenstrom, abgewandelte trösten über den Verlust der Gänsefüßchen mit Fruchtbarkeit und Elastizität des nicht mehr in sie Gesetzten. Wo das Abwandeln zu weit geht, guckt sich das abgewandelte Zitat nach Umbenennung um. Dem versteckten Zitat hingegen droht die Gefahr, in Eigenes zu entwischen, kaum. Wo es sich von der geklauten Formulierung oder vom unbewußten Zitat unterscheidet, wird es zum plötzlichen, augenzwinkernden Osterei des mit Bildung Vollgestopften, ohne daß Ostern wäre. Wo es unerkannter Spion bleibt, entsteht auf keiner Seite Schaden. Leider erscheint das versteckte fast nie als ein sich selber versteckendes Zitat.** Es wird versteckt – und zwar schlecht: immer wieder hockt es gleich hinterm nächstbesten Busch oder Sofa, ohne Vertrauen auf Assoziationskraft und Wiedererkennungsgabe seitens des Lesers, ohne Ehrgeiz zu wesentlich konsequenterem Versteckspiel. Wenn sich ein Kind versteckt – kurze Zitate wecken Pflegeinstinkte –, darf es um keinen Preis gefunden werden. Wird es aber tatsächlich nicht gefunden und sind die Mitspieler inzwischen zur nächsten Runde oder zu anderen Spielen übergegangen, dann stirbt es zum ersten und vielleicht insgesamt einzigen Mal. Denn die Welt geht schockierend mühelos ohne es weiter. Eingekauert in die Hohlstelle, darf es zur lachenden Gruppe um keinen Preis zurück, überflüssig geworden. Diesbezügliche Scham ruht auf der verspäteten Feststellung: Ich wollte doch gefunden werden. Beim nächsten Spiel versteckt sich das Kind

* Falsche Zitate sind die Sündenböcke derer, die auf wörtliche pochen. Wo sie nicht absichtlich falsch sind, sind sie die invaliden Opfer eines Gedächtnisschwunds, der immerhin das Wissen übrigließ, daß es überhaupt etwas wie Zitate gebe.

** Sich selber versteckt es lediglich dann, wenn es verwendet werden soll, sich aber nicht finden läßt vom Nachblätternden, der es halb vergaß. Es versteckt sich, bevor es Zitat wird – anscheinend, um nicht Zitat sein zu müssen, Flummi atomistischen Bewußtseins. Wird es gefunden, ist es ab diesem grausigen Moment Zitat.

hinter dem nächstbesten Busch, einen Meter neben dem übersteuerten: »Ich komme!«

Sämtliche Zitate, heimliche wie überflüssige, wörtliche wie indirekte Zitate, manipulierte wie versehentlich falsche Zitate, allzu gern zitierte Zitate, schließlich die Gruppe der Selbstzitate, die bei Ernst Bloch so tut, als wäre Ernst Bloch ein fremder Autor – »Die Erweiterung einer bisher so beschränkt aufgefaßten Antizipationsmacht«, heißt es bei Ernst Bloch, »wurde in Ernst Blochs ›Geist der Utopie‹, 1918, begonnen« –: sämtliche Zitate kommen zu spät, sozusagen. Keins wurde von erwartungsvoller Zukunft ausgesendet; jedes mußte aus Urväterhausrat hervorgepopelt werden, von wo aus es nicht von selber in die Gegenwart hereinragt, um sie beim pausenlosen Regredieren zu stören. Doch wird nach und nach eine letzte Sorte von Zitaten kenntlich, die nicht das Produkt hungrigen Umblickens darstellt, sondern inzwischen allerdings vergangene Zukunft mit sich führt. Nicht etwa ließ sich Kafka von Kleist »beeinflussen«; sondern Kleist zitierte Kafka, ohne ihn kennen zu müssen; in diesem Satz: »Er sagte, ein wenig betreten, daß er, soviel er wisse, keinen [Paßschein] habe, daß man ihm aber nur beschreiben möchte, was dies für ein Ding des Herrn sei, so werde er vielleicht zufälligerweise damit versehen sein.« Lediglich die beiden Wörtchen »des Herrn« dürfen als Kleists Privat-Einschiebsel in dieses Kafkazitat gelten. In vergleichbarer Weise wurde Kafka, »worauf Adorno aufmerksam machte«, von Poe und Lessing zitiert, ferner von Nietzsche. Es bedürfte nur der geringsten Akzentverschiebungen, zutreffender gesagt: einer minimalen Schönheitsoperation, um aus dem folgenden Kafkazitat, das von Nietzsche vollständig angeführt, aber auf den Schluß zu korrumpiert wird, ein nicht nur am Anfang wörtliches Kafkazitat zu machen: »Eines Morgens traten die Gefangenen in den Arbeitshof: der Wärter fehlte. Die einen von ihnen gingen, wie es ihre Art war, sofort an die Arbeit, andere standen müßig und blickten trotzig umher. Da trat einer vor und sagte laut: ›Arbeitet, so viel ihr wollt oder tut nichts: es ist alles gleich. Eure geheimen Anschläge sind ans Licht gekommen, der Gefängniswärter hat euch neulich belauscht und will in den nächsten Tagen ein fürchterliches Gericht über euch ergehen lassen. Ihr kennt ihn, er ist hart und nachträgerischen Sinnes. Nun aber merkt auf: ihr habt mich bisher verkannt: ich bin nicht, was ich scheine, sondern viel mehr: ich bin der Sohn des Gefängniswärters und gelte alles bei ihm. Ich kann euch retten, ich will euch retten; aber wohlgemerkt, nur diejenigen von euch, welche mir *glauben,* daß ich der Sohn des Gefängniswärters bin; die übrigen mögen die Früchte ihres Unglaubens ernten.« Ungefähr ab jetzt, auch vorher schon, nämlich sobald der Verdacht aufkommt, daß es sich bei dem Sohn des Gefängniswärters bloß um Christus handeln soll, spätestens beim kursiven »glauben« hört das Zitat auf, von Kafka zu sein. Es wäre von ihm, sobald sich Nietzsche überreden ließe, seiner Parabel die inferiore, ja infantile Eindeutigkeit, die ihr leider anhaftet, zu entwenden oder, »um mit Goethe zu sprechen«, »auszutreiben«. Zukunft mit sich führende Zitate der Gegenwart lassen sich, solange die Gegenwart bleibt, kaum erkennen. Zwar provozieren manche Stellen, mit Hilfe aphoristischer Zuspitzung ihres Inhalts, jetzt schon das chirurgische Können der Zukunft, sehnen sich aus ihrem Kontext hinaus, würden den Sprung sogar schaffen, wollen aber nicht das übliche Schicksal erleiden, doppelt gefangen zu sein. Andere rücken unruhig im Kontext hin und her, betätigen sich als Wandernieren. Gleichwohl wird erst eine womöglich ausbleibende Zukunft ihre Finger definitiv auf solche Passagen legen können, die eines Tages als Zitate dastehen werden, als Zitate, geschrieben mit Laser-Strahlen auf bedeckte Himmel. Solche Passagen sind tatsächlich versteckte Zitate. Sie verstecken sich, gucken aber ab und zu hinter dem Busch, ihrem Kontext, hervor, um nach Gänsefüßchen auszulugen.

Hypertrophie bei Büchern und Sätzen. Aus dem *Guinness Book of Records* geht hervor, daß der kleinwüchsigste Mensch, der je – dem *Guinness Book of Records* zuliebe – lebte, gestellt auf die Schulter desjenigen Menschen, der den unnachweislich längsten aller Hälse hatte, mit dem Scheitel nicht an die Kinnlade des Langhalsigen reichen würde. Vergleichbare Verhältnisse kommen im Reich der Bücher vor. Das kleinste, gleichzeitig ein denkbar dickes, kleiner als gewisse Nachschlagewerke der Gegenwart, die es mit Streichholzschachteln aufnehmen, nämlich eine daumennagelgroße Bibel, über welcher der mittelalterliche Mönch, der sie schrieb, erblindete, wäre viel zu klein, um jenen Mammutkalibern, die mehreren Doré-Bibeln als geräumiger Tisch dienen können, Lesezeichen zu sein. Bücher, denen dermaßen früh die Puste ausgeht, daß sie Hefte genannt werden müssen, sind selten oder von vornherein Hefte. Ein Druckwerk, das Buch sein will, muß es offiziell auf das Minimum von 49 Seiten bringen; ein das Universum umarmendes Haiku füllt kein Buch; eine Short story dauert immerhin, sobald Walter Benjamin im Zug sitzt, so lang wie der St. Gotthard-Tunnel; indische Dauer-Epen, Großformen, arabischer Märchenwildwuchs, moderne Romane mißachten die Idee des Buches, indem sie hinausquellen über alle Schlagbäume, das Buch, ihr Haus, hinter sich lassen, als wär das Buch jener Topf, den der süße Brei hinter sich ließ beim zunächst unanhaltbaren Weiterkochen und Weiterwachsen. Wo die Aufstockung und Verbreitung der jeweiligen Pyramide sich nicht an das Lebenbleiben einzelner Autoren bindet, kurzatmiger Homeriden; allwo Götter mitschreiben und Schlußstriche überrollt werden, sind alle Eisenbahnlinien des Globusses zu kurz für solche Unauslesbarkeit, wird jedes Wladiwostok um Jahrzehnte zu früh erreicht. Das auslesbare Buch verlangt von seinem Inhalt, daß er Inhalt bleibe, also irgendwann dem Beispiel sterblicher Autoren folge und zugebe, begrenzt zu sein. Sterben, sobald man stirbt, ist leichter, als rechtzeitig einen Schluß zu finden. Die Form des Buches spielt den viereckig geschnittenen Busch gegen die Undiszipliniertheit tropischen Fabulierens aus; es wird zum Prokrustes-Bett, aus dem nur ein einziges Bein heraushängen darf, das Lesezeichen. Das Dichte der Dichtungen darf sich bei der festen Entscheidung jedes Buchs, eine erste und eine letzte Seite zu haben, bedanken. Gleichwohl erweist sich noch das in diesem Punkt unüberredbarste Buch gegenüber den Bedürfnissen eines Lebenswerks als herrlich verständnisvoll: viele Druckwerke sind einigermaßen dick. Und außerdem ist selten, wenn das Sterbeglöckchen der letzten Seitenzahl bimmelt, alles aus. Regelmäßig bildet ein einzelnes Buch bloß eine Seite eines Gesamtwerkes. »Warum bist du so kurz?« Diese tränenerstickte Frage einer Ode von Friedrich Hölderlin ahnt das Unheil des »Fasse dich kurz« voraus, das Gezeter darüber, daß irgendwelche Opern von Wagner und irgendwelche Sätze von Thomas Mann zu lang seien, obwohl in Wirklichkeit keine einzige dieser Opern, kein einziger dieser Sätze auch nur eine Sekunde zu lang geriet. Theodor Haecker und Theodor Adorno erschraken mit Recht darüber, daß das Semikolon ausstirbt: ein Schachtelsatz wäre zu bilden, ein unerbittlicher, der das Recht jeden Schachtelsatzes dartäte, ein mit engagierten Lungenflügeln und Flügeln rechnender, einer, der sogar schleppende Schachtelsätze verteidigte, solche, die tatsächlich zu lang sind, nämlich kaum Kommas einstreuen, zum Luftholen, kaum

Abb. 3 Holzschnitt um 1600

Semikolons, zum Atemschöpfen; einer, der ungeschickt verteilte Parenthesen – solche, die den Hauptstrom stauen, bis sich, wenn jeder ihn vergessen hat und für versickert halten muß, plötzlich die Schleuse öffnet – verzeihlich fände und tausendmal sympathischer als Protokollsatz, Stoßbefehl, Gebell, Kurzschrift, kurz: ein langes und dichtes Satzgefüge, das – ohne der Short story eins auszuwischen und ohne dem Haiku auf den Schlips zu treten – die »Kompliziertheit geistiger Prozesse« nicht verleugnete und genausowenig die Wunder des Organismus unterböte, die vor allem darin bestehen, ein von außen zunächst unübersichtliches Ganzes in allen Teilen gleichmäßig zu durchbluten, ein Ganzes, das nur deshalb so lebendig ist und beredt wird, weil es nicht stehenbleibt bei langweiligem Zellklumpen, sondern weil es ein Zusammengesetztes ist, voll von Abschnitten, Adern, Seitenabteilen, Nebentürchen, voll mit zusammengerollten Därmen, von denen jeder länger sein möchte als der St. Gotthard-Tunnel: ein Verästeltes, Verschachteltes, ja: Geist wie Körper sind jeweils als ein in Bewegung befindlicher Schachtelsatz zu betrachten, als eine Periode von himmlischer Länge, versiegend, aber immer noch mäandernd, ein Gebilde, das vorbeischwimmt als Wasserschildkröte an allen Eintagsfliegen und Kurzflüglern und Knappblütlern, vorbei an allen, die etwas gegen Bandwurmsätze haben und trotzdem kein einziges Haiku schreiben.

1. Einschlafattacken setzen tagsüber auch bei unpassenden Gelegenheiten mit oft unwiderstehlicher Gewalt ein. So kann beim Essen der Kopf in die Suppe fallen, aber auch beim Gehen kann der Narkoleptiker einschlafen.

Dr. Albert Wettstein in *Uni Zürich* Nr. 5, 1983.

Symptom Lesezeichen. Joseph will just etwas zu seinen Brüdern sagen, Tristram Shandy holt Luft, der Koch, bei Dornröschen, holt zum Schlag aus, der Hund, bei Momo, hebt sein Bein – da wird ins tönende Kontinuum des Buchinhalts ein Loch gerissen! Epische Unaufhaltsamkeiten bleiben in der Luft stehen, stauen sich am Lesezeichen, einerlei, ob dieses als beschrifteter Zettel oder als gemalter Finger eines Evangelisten erscheint, als offizieller Streifen, auf den die Adresse der nächsten Buchhandlung unter ein Porträt von Thomas Mann gedruckt wurde, oder als Bastelarbeit, als gesticktes Lesezeichen oder ein solches, in welchem Herbariumsausbeute verarbeitet wurde – oder als Notlösung, als Büroklammer, als ein Blatt Klopapier, als eine Nagelschere, als eine absichtlich erzeugte Eselsecke. Solchen Verlegenheitslösungen arbeitet ein unverlierbares, unausreißbares Schwänzchen, das unten hervorringelt und nach Möglichkeit eine Quaste ausbildet, entgegen. Ob als Leseband oder als klassische Hutfeder, die in der Windstille der Regale aus dem jeweiligen Buchklumpen herausragt: jedes Lesezeichen stellt sich zwischen dem Leser, der bestenfalls müde wurde, schlimmstenfalls plötzlich Wichtigeres vorhat als das Weiterlesen, und dem plötzlich im Stich gelassenen Stoßverkehr des Buchinhalts auf – ein Stoppschild, das sich von keiner Flotte überrollen, keiner Windstärke umpusten, keinem Pazifik schlucken läßt. Zwar verhält sich das Lesezeichen rücksichtsvoller als der unausradierbare Strich, mit dem es verwandt sein muß; denn beide sollen das Wiederfinden vereinsamender Stellen erleichtern. Im Gegensatz zum Strich, der das Angestrichene nie wieder aus den Klauen läßt, zieht das Lesezeichen selbst dort vor dem Noli me tangere des Textes den Hut, wo es jahrelang vergilbend zwischen vergilbenden Seiten auf der Stelle tritt, Allegorie der Vertagung. Es besiegelt unvermittelten Tonusverlust, das Ausgeknipstwerden des gedichteten Lichtes, das Abrutschen des perzipierenden Kopfs, das Zufallen der Augen, das Zufallen des Buchs. Der Welt des Dichters fällt durchaus das Gesicht in die Suppe. Über pausierendem Hirn und dem Däumchendrehen der Romanfiguren steht das Pst jenes Ausrufezeichens, zu welchem das Lesezeichen wurde. Solches Däumchendrehen gleicht nicht dem Schlaf der Märchenfiguren, die zum Einnicken oder Versteinern gezwungen wurden; im Stillestehn geht manches weiter. Onkel Toby, Tristram Shandys Onkel, klopft auf S. 64 zwei- bis dreimal den Kopf seiner Pfeife am Nagel des linken Daumens ab; in diesem Augenblick kommt eine Unterbrechung, kein Lesezeichen, kein kurzfristiger Tod, sondern lediglich ein inhaltlicher Exkurs, der sich bis auf S. 66 hinzieht. Statt innezuhalten mit Klopfen, klopft Onkel Toby drei Seiten lang mechanisch seine ausgeklopfte Pfeife aus, als Platte mit Sprung. Er tritt also wesentlich unerlöster auf der Stelle als der bei Dornröschen eingeschlafene Koch, der im Lauf der hundert Jahre immerhin Kräfte sammelte. Daß ein Leser, und sei die betreffende Lektüre noch so mitreißend, zwischendurch seinerseits wenigstens schlafen muß, wird verzeihlich im Hinblick auf den Autor, dem es nicht anders ging. Dessen Schreiben besteht im Vertuschen jener Wunden, die das Absetzen und Neuanfangen dem einheitlich vorwärtswälzenden Stoff schlug. Entweder mag dieser Stoff beim Vorwärtswälzen auf die kleinen wechselnden Bedürfnisse seiner Abwürger und Wiederbeleber nicht achtgeben, oder er ist seinerseits froh, von Zeit zu Zeit Ruhe vor ihnen zu haben. Hierbei erscheint das Lesezeichen sowohl als Todesbote wie gleichfalls als Garant späteren Fortgangs. Wo es ausstirbt, mischt sich das unhörbare Gehup des eingeschläferten, kilometerlangen Staus mit dem Stöhnen auf Flächen, auf Kanten gelegter, bäuchlings aufgespreizter Bücher, mit dem Auseinanderknirschen ihrer gelumbeckten Lumbalgegenden; mit der Tortur ausdauernder Liegestütze; mit dem stummen Druck der Aufhocker, weiterer Bücher. Wo ein Lesezeichen zwischen A und Z gar nicht mehr eingelegt werden kann, weil es sich um solche books handelt, bei denen die gelesenen Seiten sofort nach Gebrauch abgerissen werden, zu welcher Handlung eine vorgepunktete Linie einlädt, können Köche und Hunde nie mehr zurückgucken zu ihrem zerknautschten Ausgeholthaben und Beingehobenhaben. Koch und Hund, die sich

Abb. 4 Schabblatt von Karl-Georg Hirsch, 1984

bewußtlos erleichtern, bilden ein Gegenstück zum Küchenjungen, der nie zu seiner Ohrfeige kommt, und zum Laternenpfahl, der vergebens auf das Unvermeidliche wartet, obwohl vielleicht sogar ein Lesezeichen nach jenem Leser Ausschau hält, der es einlegte, um die Stelle wiederzufinden, und der alles, einschließlich Buch, vergaß. Alle kleinen Blackouts werden vergessen, sobald der eventuell tanzende Tod, wie 1907 in Rilkes *Toten-Tanz*, der wachslichtbleichen Ordensschwester leise die Lesezeichen aus ihrem Stunden-Buch zieht. Die Armut lesezeichenloser Bücher weiß nichts von der Würde Pränataliens, wo metaphysisch auf physische Anschlußzüge gewartet wird und wo Petrus in der Institution Lesezeichen buchgemäße Verkörperung fand.

Abb. 5 Stahlstich von Adolph Schmitz, 1868

Chronische Immunitätsstärke. Jede Bibliothek: ein insgesamt den Odem anhaltender Friedhof. Jede Buchreihe: eine vor Frost aneinandergedrängte Reihe Grabsteine, unverschönt durch Blumen, unaufgelockert durch Kieswege mit Sitzbänken und Wasserhähnchen. Jedes Buch: Grabstein, Sarg und Sarginhalt in einem. Jede Grabaufschrift: Name des Autors und Buchtitel. Jeder Buchdeckel ein Sargdeckel. Jedes Wort ein übriggebliebener Krümel, dem das Wasser entzogen wurde: Wasser des Urozeans, in welchem sich die ersten Zelltierchen und Geißelpflanzen ihrer wäßrigen Unsterblichkeit erfreuten und keine Leichen hinterließen. Schriftsteller hinterlassen nicht bloß die eigene Leiche, sondern zusätzlich eine geschmückte Reihe gesammelter Särge, Gelenk an Gelenk, randvoll mit sich gegenseitig abmurksenden Roman- und Denkfiguren, pasteurisierten Systemen und Brosamen, randvoll mit vitaminschonenden Wahrheiten und Versen. Diese spotten ununterbrochen ihrer Unsterblichkeit, nämlich sobald die entsprechenden Buchdeckel zugeschlagen werden, und müssen ununterbrochen auferstehn, nämlich sobald sie gelesen, geliebt, zitiert, gemerkt, aufgesagt, analysiert, illustriert, verwandelt werden. Wo *Iphigenie* zur Pflichtlektüre an bundesdeutschen Gymnasien wird, steht sie in den Köpfen Tausender von Deutschlehrern und Hunderttausender von jungen Führerscheinmachern erneut auf – ob sie will oder nicht und unabhängig davon, ob sie, im Zuge solch gnadenloser, aber optimaler Unsterblichkeit, weiterhin *Iphigenie* bleibt. Was durchgenommen wird, heißt »Iphigenie«. Jedes Buch ist mit prinzipieller Erwecklichkeit gestraft. Longseller sind umquirlt von einer Kakophonie aus Perlicke-Perlacke-Zurufen, sie werden dauerhaft zu Tode gehetzt, ohne sterben zu dürfen. Andere Bücher wiederum, nicht eben Bloch und Blechtrommel, Hans Mayer und Ransmayr, sondern Victor Meyer-Eckhardt und Paul Gurk sitzen für immer wie Holzböcke reglos auf ihren Bäumen, ohne daß je wieder ein Leser drunten her ginge, auf den sie fallen könnten. Wo Spontaneität nicht ausbleibt, Phantasie herangaloppiert, sich engagierter Erste-Hilfe-Übungen befleißigt, Herzmassage betreibt, im verschwundenen Kunstwerk verschwindet, stellt sich die Erfahrung ein: der Kontakt bleibt einseitig, die Schulter kalt. Der Leser läßt sich jederzeit beeinflussen durchs Gelesene, erweitert sein Weltbild, wird hin und wieder ein anderer; das Gelesene bleibt stur im Gleis, nicht anders als Nichtgelesenes. Nicht etwa liegt, wenn gelesen wird, Getränk an Getränk. Sondern gesprungene Lippen hängen, statt am ewigen Brunnen, an der eingefrorenen Attrappe eines Wasserwerks. Oskar im Kleiderschrank, Robinson auf seiner Insel, Zarathustra im Hochgebirge: keiner merkt, daß die Luft voll ist vom Atem und Geglotz hospitierender Leserschaft. 40 Millionen Tagesschaugucker fühlen sich zwar angeguckt, aber der Tagesschausprecher blickt ins Leere, spricht, wie alle sehen können, für keinen. Nie wird Schopenhauer erfahren, daß Nietzsche, Hübscher und Bernhard seine Leser waren. Ein Früherer ist jederzeit dermaßen im Nachteil, daß sich jeder Heutige die Haare raufen müßte, jetzt schon da zu sein.

Märchenbücher leiden an ihrer Unfähigkeit, sich zu verwandeln, Entwicklungsromane an ihrem Fluch, nur ihre Figuren entwickeln zu können, Trimm-Dich-Bücher an ihrer Untrainiertheit. Alle Bücher leiden simultan an Kontaktscheu, Anämie, Indolenz, Paresis, Parakusis, Verkalkung, Berührungsunempfindlichkeit, Frigidität, Gelenkstarre, Leichenstarre, Impotenz sowie Scheintod. Jedes Buch streckt alle viere von sich. Wenn es angehaucht wird, krabbelt es nicht unbedingt weiter. Aller Umgang mit dem Text, alles Anstreichen, Zitieren, Ruminieren, alle Liebe seitens des Lesers sind strampelnde Versuche, die Maske zum Lächeln zu bringen. Doch ihr sardonisches Grinsen läßt sich nicht erweichen. Selbst wo Siebel, Altmayer, Falstaff und Gargantua mit heißen Backen zu gröhlen und zu rülpsen scheinen, daß Wölbungen widerhallen, versteinerte der Wein in den steinernen Gläsern. Der lebendigste Leser wird verurteilt zur Mumienschändung. Die Wirkungsgeschichte läßt sich hierbei nicht stören. Noch die unlebendigsten Verse bleiben trotzdem unsterblich.

M a n g e l e r s c h e i n u n g e n. Es gibt einen Stempel, der ist brutaler als andere Stempel. Das Schandmal, das er austeilt, lautet: MÄNGELEXEMPLAR. Alle Buchstaben im Buch sind kleiner als das M, das Ä, das N, das G, das E, das L, das E, das X, das E, das M, das P, das L, das A, das R. Stabilo Boss, der Textmarker, vergreift sich bloß an manchen Textstellen, nie an allen; der Stempel MÄNGELEXEMPLAR zeichnet ein ganzes Buch. Stabilo Boss variiert das Weiß der Buchseite zu einem Gelb, der Stempel MÄNGELEXEMPLAR druckt schwarz auf weiß. Zeitungen müssen sich täglich Neues einfallen lassen; der Stempel MÄNGELEXEMPLAR wartet seit Jahrzehnten Tag für Tag mit derselben

Schlagzeile auf. Die göttliche Barbarei dieses Stempels überbietet selbst Gottes Barbarei – der Stempel stempelt nicht bloß Kain, er stempelt Abel, Adam, Eva, Henoch, jeden anderen. Bücher, die von ihm tätowiert wurden, haben in der Regel keinen weiteren Mangel aufzuweisen als die Schlagzeile MÄNGELEXEMPLAR. Die Freude, daß ein fettfleckloses Buch, ein Buch ohne Eselsohren herabgesetzt zu haben war, möchte sich auf den Inhalt des Buchs erstrekken. Doch wird die Freude durch das Schwärzliche, das während der Lektüre sichtbar bleibt, verdorben. Kein Mangel könnte größer sein. Über dem Ärger entwischen die Vorzüge des Buches, und alles, was dem Buchinhalt übelgenommen werden könnte, hängt einzig am MÄNGELEXEMPLAR. Verkleinert kann die Verzweiflung nur durch ein zweites Exemplar werden, diesmal ein teures, unbestempeltes. Leider mischt sich nun aber die Freude über eine reine Schnittfläche mit dem Ärger über die doppelte Geldausgabe: zusammen färben sie den geduldigen Buchinhalt, und keine Aussicht besteht, diesem Buchinhalt einmal als einem ungefälschten und ungetrübten entgegenzutreten.

Überhaupt wird, wer ein Buch kennenlernen möchte, es in allen erreichbaren Ausgaben lesen wollen, trotz der Mängel, die sie bereithalten. Das geliehene oder antiquarisch erworbene Buch hält den Mangel bereit, daß die gesammelten Spuren der Vorgänger dem Dialog mit dem Schriftsteller ein unschönes, nicht eben intimes Umfeld schaffen; ferner, daß keine Verlängerung auf Dauer hilft und es schließlich doch noch angeschafft werden muß; das angeschaffte den, daß man in der Angst, das Buch zu besudeln, dem Inhalt gegenüber zu zugeknöpft bleibt. Ein unausgelesenes wird mit Vorliebe zum lebenslangen Quälgeist, ein ausgelesenes und nochmal ausgelesenes zur Ehehälfte, die vom Anfangsstadium wenig nachklingen läßt. Antiqua betrügt um das nachzuholende Geheimnis irgendwelcher

Märchenbücher. Fraktur setzt der zügigen und hygienischen Aneignung des Textes unflotte Schnörkel in den Weg. Gebundenes unterhöhlt das gute Gewissen des Buchkonsumenten, Gelumbecktes stellt Löwenmäulchen in Pappbechern auf. In Entsprechung zum Schreibzeug, das Schreibenden und Geschriebenes auseinanderhält, schiebt sich die mangelhafte äußere Buchgestalt zwischen Leser und zu Lesendes: sie fungiert in einem Aufwasch als Kuppler und Quertreiber. Zum Glück vermag sie nichts zu verhindern, was nicht schon Leser und Gelesenes ihrerseits vermasselten, aufgrund eigener Müdigkeit, Ungereimtheit, Qualitätsabfall oder durchgehender Armut. Lesestoff* hat gravierende Mängel. Wo Gold und Leder der Gediegenheit des Gesanges die Hände reicht, werden die Mängel jeden Gesanges überklebt. Im Innersten hocken die unaufhebbarsten Mängel. Was zwischen Buchdeckeln oder dünner Glanzpappe einquartiert wurde oder auch von selbst um Asyl bat, läßt sich Schmalspur-Totalität zuschulden kommen. Die Tendenz jeder Bibliothek, laufend den Bestand zu vergrößern, muß als Folge anwachsender Ungeduld mit den Mängeln der einzelnen Bücher betrachtet werden. An keinem Horizont kommt ein Buch in Sicht, in das alle vorhandenen Bücher, alle sich versteckenden, alle zukünftigen, sogar alle verlorenen und ungeschriebenen zusammenflössen zu einem wirklichen Buch der Bücher, einem Überformat, das quer in abendlicher Stadtlandschaft läge, daläge, ohne bettlägrig zu sein; verschlossen mit sieben oder acht Siegeln, die aber der Reihe nach aufsprängen, lautlos krachend. Und ohne daß ein Kran helfen müßte, schlüge sich dieses Buch der Bücher auf: der Titel wäre vom Satelliten aus decodierbar, das Vorwort eine Bibliothek für sich, jede Zeile eine Welt für sich, jede Fußnote ein Kopfsatz, jeder Druckfehler

* »Lesestoff« und »geistige Nahrung« wetteifern miteinander, wer von beiden unappetitlicher klinge.

eine Lustquelle, jedes Lesezeichen beschriftet und ausgestirnt mit Notlichtern und Fixpunkten, jede Eselsecke ein Wendepunkt im Weltall. Jede Seite blätterte sich von allein um, und zwar exakt im richtigen Moment, ohne daß Fortgeblättertes vergessen oder verschwinden würde. Kein Geläut, umplaciert vom Nachtwind des Umblätterns, stünde außerhalb des Buches. Und innerhalb, zwischen den Rückseiten der Naturschutzgebiete und Schachtelsätze, säße mit Leselämpchen, flankiert von Zitaten, der Leser, ich selbst, partiell verdeckt von einem gepreßten Stiefmütterchen. Man könnte mir über die Schulter gucken, die, über der es tagte, hineingucken ins Buch der Nacht, wo über den Inseln Wak-Wak ein seliges UFO, hinterfangen von Millimeterpapier, abstürzte, um beim Zurückblättern wieder hochzuschnellen.

Abb. 6 »Der Büchernarr vom Tode besucht.« Kupferstich, 18. Jahrhundert

Organologie des Schreibzeugs

Daß die wichtigsten Dinge durch Röhren getan werden. Beweise erstlich die Zeugungsglieder, die Schreibfeder und unser Schießgewehr, ja was ist der Mensch anders als ein verworrnes Bündel Röhren?

Georg Christoph Lichtenberg, *Sudelbuch*, 1775.

Und es drängt sich und rinnt aus deiner ewigen Fülle
Die beseelende Luft durch alle Röhren des Lebens.

Friedrich Hölderlin, *An den Äther*, 1796.

Das Prinzip Röhre. Väter, Schriftsteller und Täter stehen dicht nebeneinander; eine große Zahl von kleinen Vätern und Tätern steht jederzeit einer kleinen Zahl von großen Schriftstellern gegenüber. Wer zeugt, zeugt lediglich sporadisch. Wer mordet, mordet insgesamt selten oder einmal. Wer schreibt, schreibt immerhin mittelfristig. Wer mordet oder schreibt, findet in letzter Zeit oft andere als röhrenförmige Möglichkeiten. Man wechselt Typenräder. Man diktiert eingebauten Mikros. Man mordet mit zwar aerodynamischen, nicht aber unbedingt röhrenförmigen Bomben. Einzig, wer zeugt, dem bewährt sich in unveränderter Gestalt die älteste der drei Röhren. Selbst wo künstlich befruchtet wird, geschieht dies vermittels möglichst langgestreckter Pipette. Bis dato ist es Schreibmaschine und Home Computer nicht gelungen, Füller, Kuli, Softliner, Inky, Bleistift zu dezimieren.

Die Bombe war, bevor sie Schießgewehr war, Armbrust, Faustkeil, selten Röhre. Knüppel, Keule, Spieß, Hellebarde und Pfeil, trotz phallischen Phänotyps, ermangeln samt und sonders des springenden Punktes jeder Röhre, durchlaufenden Inhalts wie Sperma, Tinte, Todeskugel, die an ihr Ziel kommen wollen, Ei, Papier, Herz. Ein Köcher erfüllt zwar die Bedingungen, die an die Gestalt einer Röhre gestellt werden, gehört aber nicht, wie Knüppel oder Flinte, zur Familie der Waffen, sondern zur Familie der Behältnisse. Obwohl der Schornstein, besonders der Fabrikschornstein als echte Röhre anzusprechen sind und größeren Schaden anrichten als Kanonen, wird man den Schornstein, weil er nämlich seinen Output nicht aktiv und absichtlich, sondern ganz ungezielt losläßt, keineswegs in die Nähe von Lichtenbergs Schießgewehr rücken. Gleichwie, vom phylogenetischen Bauplan ihrer Geschlechtsorgane her gesehen, Krokodil und Vogel Strauß näher nebeneinander zu stehen kommen als Krokodil und Eidechs, so stehen sich Schreibgriffel und Patronenfüller weniger nah als Revolver, Penis und Patronenfüller. Griffel, Einritzwerkzeuge, Gänsekiele, Pinsel und Stempel, also Geräte, die nicht von selber fließen, gehören eher zur Familie der Spieße und Keulen, die nicht einmal eingetunkt werden müssen. Am ähnlichsten werden sich Schießgewehr und Schreibröhre in der Spritzpistole: Während die kindliche Wasserpistole als bloßes Ausscheideorgan fungiert, hierin wiederum dem Schornstein von fern verwandt, wird die Spritzpistole zeugungsfähig, indem sie nämlich schreibt, und sei es bloß die Worte »Nazis raus!«. Minenhalter des vorigen Jahrhunderts erschienen, zugunsten der Absatzsteigerung, gern in Gestalt von Gewehren und Kanonen.

Obwohl die Röhre im Pflanzenreich längst Furore gemacht hatte, als Kalamus sogar in die Schreibkultur einwanderte, brachte es das Begattungsglied des Krokodils, der Schildkröte, des Straußes, der Gans, der Trappe, des Hokkohuhns noch nicht zur Röhre, so wenig wie die Stahlfeder; sondern bloß zur Rinne. Im Vergleich mit den rundum per-

Abb. 7 Holzschnitt von Grandville, 1844

fekt geschlossenen Füllfederhaltern und den rundum perfekt geschlossenen Gliedern der Säugetiere sehen die Rinnen der Vögel, Reptilien und Stahlfedern nach Provisorium aus. Die wichtigen Tropfen laufen unüberdacht herab, kaum anders als die Tränen, die am Schaft lebendiger Bleistiftvögel, siehe Walt Disneys »Alice in Wonderland«, außen herunterlaufen, anstelle von innerer Tinte, die in Worten sagen könnte, was ein gefühlvoll auf Zweigen hockender, gezeichneter Bleistift leidet. Das letzte Wort des sterbenden Heinrich Heine lautete Bleistift.

Der Bleistift nimmt im Reich der Röhren eine Sonderstellung ein. Einerseits durchläuft ihn keinerlei Schreibflüssig-

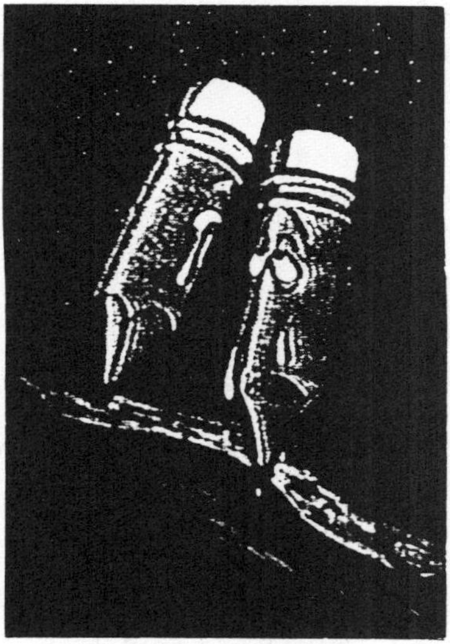

Abb. 8 Szene aus Walt Disney, *Alice in Wonderland*, 1951

keit, kein flüssiges Blei, so, als wäre er verstopft, eingetrocknet oder als wäre seine Tinte zur Bleisäule erstarrt. Andererseits kann sein Binnenkanal nie verstopfen, erweist sich jederzeit als optimal und gleichmäßig gefüllt. Statt leer zu werden, wird der Bleistift stumpf; sodann, beim Wiederspitzwerden, kürzer. Sein unmerkliches und periodisch ruckhaftes Kürzerwerden ist sein Abbrennen. Allerdings brennt er, im Gegensatz zur Kerze, von unten nach oben ab: in papierdünnen Halskrausen, lautlos zerfallenden Spiralen, ringelt sich sein Fruchtmark abwärts. Seine Mine ist sein Docht: wie der Darm eines schlängelmüden Wurms durchzieht sie den Körper, und oben oder unten guckt nichts heraus aus Wachs oder Holz als ein bemessener Ausläufer. Die Flamme des Bleistifts ist jener Punkt, wo seine Spitze das Papier berührt; sein Leuchten sein Schreiben.

> Wer zu schreiben beginnt, macht zunächst eine aufregende Erfahrung: Er entdeckt die Herausforderung des unbeschriebenen Papiers. Viele Schriftsteller berichten davon, welcher Reiz von unbeschriebenen Blättern ausgeht. Sie fordern förmlich dazu auf, sie mit Geschichten, Gedanken, Informationen zu füllen.
>
> Werbeprospekt der Schreib-Schule Ulbrich GmbH.

> Plötzlich erhebt sich der Stift auf seine Spitze und fällt, nachdem er sich durch zögernde Stöße dem Papiere genähert hat, wieder nieder.
>
> Helena Petrovna Blavatsky, *Isis entschleiert*, 1877.

Das sexuelle Verhalten des Papiers. Am Anfang hatten sich Adam und seine Rippe noch nicht auseinandergelebt. Das Urexemplar der Thora ward von Gott, nach jüdischem Dogma, mit Feuer auf Feuer geschrieben. An dieser Stelle war ein Ungeschiedenes zwar auch schon in ein Schreibendes und ein Beschriebenwerdendes auseinandergetan, doch unterschied sich das Schreibgerät noch nicht, vom Material her gesehen, vom Beschreibstoff – es sei denn, es hätte sich um ganz verschiedene Feuer gehandelt, etwa ein rot züngelndes und ein weiß abwartendes. Der Idealzustand feuriger Einheit, unabhängig davon, ob mit solch unruhigem Schreibzeug Schriftliches wirklich festgehalten werden konnte, wurde von keinem späteren Schreibzeug wieder erreicht: mit Papier läßt sich nichts auf Papier schreiben, und beschriftete Stifte liefern selten umfangreichere Lektüre als Worte wie universal, MADE IN GERMANY –

edding 1800 profipen 0.5 – dokumentenecht, lichtbeständig – Bayrische Beamtenversicherung – waterproof pigment ink – refermer après usage. Niemals könnten Schreibgerät und Schreibfläche liebend verschmelzen; schon ihre Vorläufer, Mund und Ohr, lange bevor Gott die Thora niederlegte, waren zweierlei Fleisch.

Heutzutage ist beim Beschriebenwerden per Stift der Vorgang ungefähr dieser: Papier, ein perfektionierter Nachfahr des Fasermatschs, den der chinesische Eunuch Cai Lun, der späteste Vater des Papiers, 100 n. Chr. rührte, liegt scheintot da, liegt scheinbar wartend da. Nun naht ein Schreibgerät, das bis eben gleichfalls ruhte und dessen Spitze, die nicht eintrocknen darf, auf einmal die Kappe, statt daß diese von selber organisch die Spitze frei hervortreten ließe, nicht mehr aufhat. Falls das Blatt als begonnenes der bevorstehenden Dinge harrt, tritt der Stift als Wiederholungstäter, als Stammgast, als Gatte auf. Falls das Blatt ein unbeschriebenes ist, kann beim Aufsetzen des Stifts von erster Berührung die Rede sein. Ohne seelisch bei dieser ersten Berührung zu verweilen, beginnen auf der Stelle gleichmäßige Bewegungen, die tendenziell zu keinem Abschluß kommen, allerdings ab und zu kurz anhalten, weil ein Satz zu Ende ging, weil ein übergeordneter Gedanke stockt oder weil eine neue Patrone eingelegt werden muß. Wo sich früher ein Tintenfaß in unmittelbarer Nähe befand, treten moderne Schreibgeräte sehr gern als Synthese von ansonsten separaten Organen auf. Stift und Patrone sind dann eins: eins zum Hohn auf Papier und Stift, die vergeblich auf ihr Einssein warten. Das einzige, was Papier und Stift in ihrer dauernden Zusammenarbeit gelingt, ist das Festhalten von Geschichten, Gedanken, Informationen. Hierbei handelt es sich buchstäblich um Erbinformationen, bei Buchstaben um Chromosomen, bei Tintenklecksen um ungezielt und zukunftslos Verschüttetes à la Onan. Aufs

Aufgeschriebene kommt alles an; alle Höhepunkte ereignen sich ausschließlich im Aufgeschriebenen, nicht etwa dort, wo ein taubes Papier voll wird und ein blinder Stift leer. Immerhin bilden beide ein gut eingespieltes Duo. Sie lassen nichts mehr nachklingen von ihren historischen Anfangsschwierigkeiten, von schlechter Oberfläche, auf der die beste Spitze nicht vorwärtskam, von kratzender Feder, die eigentlich nicht wollte; nichts mehr nachklingen vom Kerbholz, auf dem mancher noch etwas hat, und Kuhhaut, auf die der Teufel die Sünden der Sünder auflistet und auf die manches nicht geht; nichts mehr nachklingen vom Stein, in den das immerhin unzerknautschbare Produkt ehelicher Doppelpassivität, Stoß für Stoß, erst hineingetrieben werden mußte.

»Konntest du mir diese Erniedrigung nicht ersparen?« sagte das Blatt erzürnt zur Tinte, und zwar innerhalb einer Fabel, mit der Leonardo da Vinci ein Blatt Papier beglückte. »Du hast mich besudelt mit deiner höllischen Schwärze und für immer ruiniert.« Dieser sowohl christlich tugendhafte als auch analphabetische Standpunkt des Papiers wird weder vom Autor geteilt, noch gereicht er der Tinte zu Schuldgefühlen. »Warte ab«, antwortete ihm die Tinte. »Ich habe dich nicht besudelt, sondern dich mit Sinnbildern versehen. Jetzt bist du kein Blatt Papier mehr, sondern eine Botschaft.« Unschuldige Tinte! Als wenn jedes Aufgeschriebene gleich Botschaft wäre! Armes Papier! Es schlug die besudelten Augen nieder vor dem humanistischen Argument des Autors und seiner Tinte. Es wußte noch nichts vom Klingsohr-Märchen des Novalis, wo Sophie, eine edle göttergleiche Frau, mit heitrem Lächeln alle Notate des dürren Schreibers in eine dunkle Schale mit hellem Wasser taucht. Den vollgekritzelten Blättern wird die Jungfernschaft tendenziös zurückgegeben. Abgewaschen kommen sie aus dem überirdischen Bidet der Sophie zurück, einer

Frau, gemischt aus himmlischer Maria, Justitia und Hygieia. Einzig romantische Poesie entsteigt ungetilgt, überzogen mit Siegellack, dem parteilichen Wasser, allzu ungetilgt, allzu glänzend, allzu positiv. Hier wie anderswo zeigt beschriftetes Papier die Tendenz, weiterhin oder erneut wie unbeschriftetes Papier auszusehen, zum Teil mit Hilfe des Lichts, das Tinte zum Verblassen bringt. Oder mit Hilfe von Geheimschrift-Tinte, die, solange kein Sichtbarmachungsmittel beispringt, unsichtbar bleibt. Oder dank solcher Unterzeichner, deren Unterschriften kurz nach Vertragsabschluß sich hinterrücks von selber auflösen. Umgekehrt findet sich Papier, das sich als beschriftet erweist, bevor es beschriftet wurde, nämlich ein schrifthaltiges Wasserzeichen in aller Unschuld mit sich führt.

Nicht jedes Papier nimmt jede Schreibflüssigkeit ohne weiteres an: Tusche saugt es weniger auf als Tinte, manche Tinte weniger als andere Tinte. Ein gewisser älterer Papiertyp, ein schlechtgelaunter Verwandter des Löschpapiers und einer ruppigen Klopapiersorte, nicht eben holzfrei, zeigt sich widerstandslosem Beschriebenwerden abgeneigt: immerhin stirbt es seit über zehn Jahren, jedenfalls in der BRD, aus – zugunsten reibungsfreundlicheren Materials. Überhaupt zeigt sich im Umgang der Geschlechter ein epochaler Wandel. Wo früher, in lautloser Monogamie, ein einziger lautloser Griffel an der Stange gehalten wurde und von selber am Ball blieb, bearbeiten, im Zeitalter mechanischer Schreibmaschinen, mindestens 24 Freunde das Feld, flotte Typen, abwechselnd zustoßend, umgekehrte Hühner, die jeweils ein Korn dem Papier in den Schoß legen, ein K, ein o, ein r, ein n. Zu aller Schmach muß das Papier »Schreibmaschinenpapier« heißen und wird so an einer Selbstdefinition ideologisch gehindert. Das durchgehend hochgebildete Solo klassischer Füller, dem das Papier einstens lauschte, wurde zwar optimal überwunden. Doch wird der eingespannte, blütenweiße Leib mit dem gleichfalls festsitzenden Pulk derer nicht glücklich, die ihn beschlagen, die immer nur jeweils einen Buchstaben krähen können, zeitlebens nicht weiter als ein debiles Ö oder ein sprachloses %. Irgendwann wird das Papier depressiv. Ohnedies erkrankt es, in einer Zukunftsversion Stanisław Lems, an Papyrolyse. Diese verläuft tödlicher als der poetische Buchstabentod bei Novalis oder Hermann Hesse, wo Schrift immer nur partiell abgewaschen wird, allenfalls ein Omega als Spannerraupe davonkriecht, nie aber das Papier selber die Lust verliert. Papyrolytisch infiziertes Papier rächt sich am Geist des Schreibens, diesem Zuhälter, der jeden Sprachzerfall überlebte und an dessen Rändern ausgedientes Schreibzeug vergammelt; es rächt sich für den Wortbeschuß, dessen Botschaft im Geprassel von 500 Zumutungen pro Minute untergeht; es zerfällt zu Staub, zerfällt, ohne daß bestimmte Papiersorten Resistenz beweisen würden, vermutlich leise raschelnd, samt aller festgehakten Schrift, samt schriftlich niedergelegtem Waldesrauschen, ewig singendem Nutzholznachschub.

> Eliminierende Faktoren können physikalischer, physiologischer oder biologischer Art sein und sowohl Einzelindividuen verschiedener Altersstufen als Gruppen oder ganze Populationen erfassen. Die Elimination erfolgt spontan, ständig, periodisch oder jahreszeitlich und kann Massencharakter annehmen.
>
> Kleine Enzyklopädie *BIOLOGIE,* DDR, 1976.

D e r s t e t s v e r n e i n e n d e R a d i e r g u m m i. Am Beginn seiner zusammenschnurrenden Laufbahn sieht jeder Bleistift lang aus. Spitz wird er unterwegs mehrmals aufs neue, lang nie wieder. Er könnte von vornherein nur etwa halb so lang sein oder doppelt so lang dauern, wenn er nicht den lauernden Radiergummi miternähren müßte. Der steht überall bereit, wo es im Terrain Verworfenes zu beseitigen gibt, Verworfenes in Gestalt von Bleistiftaufstrich, die Überschußproduktion im Tierreich der Wörter. Der Radiergummi vertilgt alles – ohne allerdings länger zu leben. Je dickleibiger er werden müßte, desto kleiner wird er. Stift und Gummi wetzen sich aneinander zunichte, über den Umweg Schrift, die dem einen entfließt, die der andere zu schwarzen Würstchen macht. Die werden von oben her fortgepustet. Der Bleistift ergeht sich in Schöpferwonne, versprüht pro Zeile dreißig unkontrollierte, launige Minuskel, Arabesken, Mutationen. Bleiern liegt der Radiergummi da, schmutziges Vollzugsorgan Großer Selektion. Der Bleistift, bevor geschrieben wird, sieht gefährlich aus, unangenehm sportlich, geeignet zum Pfählen von Zwergen, geeignet zum Ausstechen von Kyklopenaugen.* Der harmlose, gutgelaunte Ratzefummel kann sehr adrett aussehen, versieht freundlich seinen Dienst, den Dienst hilfsbereiter Gesundheitspolizei. Zwischendurch erscheint er zur Hälfte rötlich uniformiert, zur anderen Hälfte blau. Nicht immer ist er einsatzbereit, dann vor allem nicht, wenn dringend radiert werden müßte und schließlich ein neues Blatt genommen werden muß. Dann wieder steht der zeitweise diskret unter Zetteln ruhende Ratzefummel zu rubbelnder Verfügung – aber nirgendwo ist Ungültiges zu finden. Denn jetzt fehlt auf einmal der Stift.

Solche Situationen kamen häufig vor, so lange, bis ein schreibender Radiergummi erfunden worden war, beziehungsweise ein Bleistift, der hinten, am Steiß, ein unverlierbares, kleines Gummi mit sich führt, eine mortadellafar-

* Cäsar wurde mit Schreibgriffeln erstochen, der heilige Cassanius mit seinen eigenen Schreibgriffeln und Schreibtafeln getötet.

bene Ausstülpung, die beim Schreiben nach oben steigt, ungeschützt wie die empfindliche Hinterseite des Einsiedlerkrebses. These und Negation sitzen jetzt am gleichen Schaft – genau wie 500 v. Chr. beim Stilus des klassischen Altertums, einem Gerät, das Worte in Wachs kratzte, um sie alsdann mit dem eigenen Hinterende, falls nötig, zu verreiben. Beim Stilus kam es hierbei zu keinem Abrieb, derweilen Bleistiftspitze und Gummiknubbel, im Setzen und Radieren, aufeinander zu schrumpfen. Sie sind mit den Rücken ineinander verwachsen und erreichen sich nie. Die Proportionen des zweiteiligen Geräts geben sich optimistisch; sie suggerieren, es müsse durchschnittlich zwanzigmal weniger radiert als geschrieben werden. Solche Fragen waren sowohl von Stilus wie von Bleistift und Separatgummi souverän offengelassen worden. Ein freier Radiergummi vermochte mehrere Bleistiftgenerationen zu überleben; ein Bleistift vermochte einen einzigen Radiergummi an den eigenen Worten sich aufreiben lassen: Die Aneinanderschweißung beider setzte über die unausbalancierbare Szenerie die jederzeit störende Frage: Wer ist eher alle? Dadurch bekam das Gefälle zwischen Herausschleudern und Einstampfen einen Knacks. Auch ohne diesen Knacks geschah es regelmäßig, daß die Bleistiftspitze noch lange nicht die eigene Leibesmitte schrumpfend überschritten hatte, daß aber die rosige Warze längst schon in Flachland übergegangen war. Entweder mußte dann der kaum angefangene Stift nutzlos liegengelassen und ein neues Doppeltier angebrochen oder es mußte ein zusätzlicher Radiergummi herangezogen werden. Neuerdings erlebt der Steißgummi eine Umfunktionierung. Zum Radieren wird er kaum noch verwendet, sondern die Knöpfchen des Taschenrechners werden mit ihm bedient. Unter einem harten Bleistiftende leiden die Knöpfchen, der Steißgummi liefert genau die richtige Mischung aus sanftem Druck und zielsicherem

Nachdruck. Die Fingerbeere, aufgrund ihrer Übergröße, vertippt sich oft, Steißgummi und Taschenrechnerknöpfchen aber sind absolut füreinander geboren.

Die Macht des Negativen orientierte sich, in ihren erfinderischen Inkarnationen, bisher vollkommen an der jeweiligen Eigenart des zu liquidierenden Textes. Gleichwie über dem Gekritzel des Bleistifts die Kehrseite des Bleistifts schwebt, oder ein eigenständiger Gummi, so schwebt über den Mitteilungen der Kreide der Tafelschwamm, über den Versuchen des Pelikanfüllers sowohl Tintentod wie Rotstift; über Graffiti und WC-Sprüchen die nächste Weißung; über dem holden Traum, den Müller und Schubert selbander in den Lindenbaum schnitten, das weitere Wachstum des Baums. Über Gustav Mahlers Partiturhandschriften schwebte ein kleines krummes Messer, was Töchterchen Anna zu dem Ausspruch veranlaßte: »Ich möchte keine Note sein!« »Warum?« fragte der Vater. »Du würdest mich ausradieren!« Über der mechanischen Schreibmaschine schweben Tipp-Ex-Streifen, über der elektronischen Schreibmaschine Korrektursystem sowie Tipp-Ex-Fluid, über der Datenmasse im RAM des Home Computers der BASIC-Befehl »NEW«.* Fast alle diese verschiedenartigen Negiergeräte fließen neuerdings zusammen in einem Gerätetyp, der »Perfection 7058« heißen kann, nach dem Radiergummi-Prinzip arbeitet und mit dem sich sowohl Ausflüsse von Bleistift wie von Buntstift, von Vierfarben-Kuli, von Filzstift, von Füllfederhalter wie Tuschfeder, von Stempel bis Text-Marker fortrubbeln lassen. Dieses Gerät radiert sogar Getipptes und Fotokopiertes. Flecke aller Art, Fettflecke abgerechnet, haben keine Chance, stehenzubleiben. Das Papier muß seiner-

* Eine Sonderstellung im Kreis der Neinsager nimmt der Spitzer ein. Er richtet seinen Destruktionstrieb nicht auf Geschriebenes, sondern auf dessen Urheber. Nicht anders Tipp-Ex. Es beseitigt den Krebs des Geschriebenen, erregt aber Krebs beim Schreibenden.

seits sich vorsehen, im Zuge gründlicher Ausradieraktion nicht fortgerieben zu werden. Falls das Gerät sich durchsetzt, wird es, als ein wahrer Tyrannosaurus Rex der Schreibszene, nicht bloß verunglückte Weidetiere ausrotten, desgleichen seine bisherigen, selber giermäuligen, aber sich einseitig ernährenden Mitarbeiter, eben Tintenkiller, Tipp-Ex & Co. Zugleich erscheint dieser Universalradierer als Täter in weißer Weste: was schwarz auf weiß geschrieben wurde, wird vom Weiß seiner Radiermasse, so, als sollte das ungestörte Weiß des Papiers dem beschriebenen Blatt zurückgegeben werden, getilgt. Um an putzbedürftige Lekkerbissen heranzukommen, nimmt das Radierende Bleistiftgestalt an, genauer: die Gestalt eines weißen Buntstifts; so veräppelt er das Aussehen des Vaters seiner Nahrung. Nach Vollzug ihrer gemeinsamen Tat, dem Produzieren einer fragwürdigen Passage und dem Annullieren dieser Passage, treten Bleistift und Radierstift einen gemeinsamen Bußgang an, in Richtung Spitzer, der sie um jeweils einen Kopf kürzer macht. Das genügt auf Dauer nicht: mehrmals, im Laufe eines intensiven Abends, wird nachgeköpft.

T i n t e n k i l l e r u n d R o t s t i f t a m G r a b d e s K l e c k s e s . Es gab eine Zeit, da kam der Tintenklecks, bei aller Vorsicht, täglich zu seinem Recht. Heute dagegen, bei aller Mühe, einen Klecks absichtlich zu erzeugen, kommt keiner mehr. Die Fortschritte der Schulfüllerindustrie gingen ihm dermaßen an den Kragen, daß er selten wurde wie ein absurdes Tier in unfreier Wildbahn. Im Trauergeleit befand sich der Tintenkiller, dessen erstes Auftreten mit dem Aussterben des Kleckses exakt zusammentraf: Täter und Beute hatten sich knapp verpaßt. Statt den soeben fortfallenden Jagdgrund nach prächtigen, regellos sprießenden Geschwulsten abzugrasen, hatte sich der Tintenkiller von Anfang an zahm im Bindegewebe der Langeweile zu bewegen. Statt schlachten zu dürfen, durfte er lediglich korrigieren. Gute alte Tintenkleckse, ausgedehnte, ungeahnte Leckerbissen, gab es für ihn nur der Sage nach. Die der Gegenwart waren abgewandert in bildende Kunst, Rorschach-Test und Rühmkorfsche Fleckenkunde, wo ihnen Vergrößerung, Farbe, Gerechtigkeit guttat.

Die Trauerrede für den typischen Schulheftklecks hielt der Rotstift: unermüdlich, durch Jahre hindurch, war er ihm nachgelaufen, hatte stets einen roten Kreis um ihn geschlungen, um den offiziellen, schönschriftlichen Alltag vor den schädlichen Einflüssen abzuschirmen. Der Rotstift glaubt über den Worten zu stehen, weil sie Rechtschreibefehler enthalten; und über den Klecksen, weil sie es nicht einmal zum fehlerhaften Wort bringen. Im Tintenklecks rumort die Omnipotenz des Amorphen. Der Rotstift überlebte den Tintenklecks samt Tintenfaß. Lebenslang hatte die witwenfarbige Matrone ihre Kinder, Wort und Klecks, unparteilich versorgt. Tintenkiller und Rotstift überlebten ferner das Löschblatt, eine grünliche oder rötliche Gouvernante, ein von Ressentiments gegen die dritte Dimension erfülltes Wesen, jederzeit bestrebt, die konkave Wölbung des dickflüssigsten Kleckses anzustechen, ihn leerzutrinken, lautlos ihn einzuebnen. Lieber machte sich das Löschblatt schmutzig, als daß es dem Tintenklecks sein Volumen gelassen hätte. Sodann überlebten Tintenkiller und Rotstift die barsche Zeugnisrubrik: ORDNUNG. Sie hatte sich, immer noch preußisch inspiriert, bisher vor allem auf das Vorkommen von Klecksen und das Fehlen des Löschblatts spezialisiert und konnte nun den altmodischen Posten nicht länger halten.

Aus dem Bereich der handschriftlichen Dokumente verschwand, zusammen mit dem Ärger über versautes Papier, leider der kuriose Tiefsinn, der im Auftreten des Tintenkleckses entdeckt werden kann. Dem Drill der Schulhefte streckte der Tintenklecks dunkelblaue Zungen raus. Er entsprach in seiner Funktion dem kleinen Stegreif-Lapsus, der im Theaterstück oder Musikvortrag lebendigeren Applaus erhält als ein restlos bewältigtes Stück. Der Rotstift dagegen entspricht nach wie vor der Kreide des naserümpfenden Beckmessers; einem Merker, der zur Glanzzeit des Tintenkleckses nicht merkte, daß jeder ungezwungene Klecks gegen die Eingepferchtheit polemisiert, in der sich Blauschrift wie Rotschrift gleichermaßen befinden. Wo das sehr gut bis mangelhaft oder ungenügend Geschriebene für Freiheit allenfalls mit Hilfe des hilflosen Wortes »Freiheit« plädieren konnte, führte der Tintenklecks Freiheit praktisch vor. Inmitten des Buchstabensalats, dürftiger Hausaufgaben, steriler Eingriffe repräsentierte der Tintenklecks, indem er stumm blieb, die Stille; indem er sich nicht entziffern ließ, das Geheimnis; indem er sich nicht zitieren ließ, die Zweckfreiheit; indem er soviel Tinte verbrauchte, daß drei, vier, fünf, sechs Worte davon hätten leben können, die Unzweckmäßigkeit; indem er nicht falsch geschrieben werden konnte, die Unfehlbarkeit.

> die Gansfedern zitterten: sie waren sehr unglückliche Wesen: sie erinnern sich dunkel an alles was ich mit ihnen geschrieben habe und die vielen Rätsel und Widersprüche machen sie furchtbar nervös.
>
> Hugo von Hofmannsthal,
> teilweise stenographierte Nachlaßnotiz, 1892.

> Negerweiber, die im Mondschein barbarische Lieder sangen, tätowierten ihm die Stirn mit goldenen Griffeln.
>
> Gustave Flaubert, *Salammbô,* 1862.

Zeichen reihte mein Finger an Zeichen und Wörter
an Wörter.
Aber jeweils den Punkt setzte ich weich mit dem Mund.
Immer wölbte sie dann den Rücken und drängte ihn
wohlig
gegen den weilenden Kuß, bis ich den Mund wieder hob.

Manfred Hausmann,
Der golddurchwirkte Schleier, 1969.

Nur die ewige Mutter bleibt,
Von der wir kamen,
Ihr spielender Finger schreibt
In die flüchtige Luft unsre Namen.

Hermann Hesse, *Vergänglichkeit*.

Eine Wende im Denken darf grundsätzlich nicht länger halten als eine Saison, ein Stil nur gerade von Buchmesse zu Buchmesse, ein gutes Theaterstück muß praktisch mit der Premiere aufgebraucht sein, eine literarische Bewegung sich mit einer flüchtig einberaumten Pressekonferenz erschöpfen, und ich sehe die Tage voraus, die wahrhaft märchenhaften, wo die Lettern eines Gedichtbuchs bereits während der Lektüre verdunsten.

Peter Rühmkorf, *Mein uraltes Signal-Girl*, 1983.

Fehlende und ideale Geräte. Unmittelbar kann kein Schreibender sein Geschriebenes umarmen. Um an die eigenen Worte zu kommen, muß erst ein Zwischenstück eingeschoben werden: damals eine kratzende, spritzende, schnell verschleißende, splitternde, sich durchbiegende, sich gabelnde Gänsefeder, heute ein zwar problemlos gleitender, trotzdem stumpf oder leer werdender, nachschubbedürftiger, pflegebedürftiger Wegwerfstift. Das ständige Dabeisein von Zwischenstück, Beschreibstoff, Schreibflüssigkeit, Unterlage stört die literarische Intimität zwischen Hirn und Schrift. Fehlt aber eins davon, wird sofort das unbedingt

Aufzuschreibende, das alsdann nicht geboren werden kann, furchtbar nervös. Es fingert, um nicht zu verrotten, durch den Schreibenden hindurch nach Ersatz. Fehlt Papier, wird quer auf Handlinien, auf Schulbänke, Tapeten, in Staubschichten und Bücher geschrieben. Han Shan, geboren im 8. Jahrhundert, schrieb seine Gedichte auf Bäume, Felsen und Hauswände. Leoš Janáček, wenn er im Park Lužánky in Brünn Einfälle, aber kein Papier hatte, schrieb auf seine gestärkten Manschetten. Fehlt eine Unterlage, ein Tisch oder Tischersatz in Gestalt wenigstens einer Hartpappe am Ende des Blocks, ein Minimum an französischem Bett für das Zusammenfinden von Papier und Stift, muß klassischerweise ein Spaziergänger seine Skoliose hinhalten. Fehlen Papier wie Stift, so schreibt der Finger des Ermordeten mit Blut den Anfangsbuchstaben des Mörders auf Asphalt; oder, falls der Mord in einem Haus der fünfziger Jahre stattfindet, auf PVC. Oder ein Glied schreibt gelbe Worte in den Schnee; Worte, deren unnötige Ligaturen so viel Schreibflüssigkeit verbrauchen, daß der letzte entscheidende Suffix nicht mehr zustande kommt. Fehlt ein Stift, so reißt 1811 Achim von Arnim, um die Märchen eines Zigeuners, den er im Gebirge trifft, mitschreiben zu können, »einem alten erfrornen Adler« Federn aus. Oder fehlt in China ein Pinsel, so ergreift, berauscht von Reiswein, in einer Päoniennacht Meng Hsiä, um wie immer unsterbliche Verse niederzutuschen, sein eigenes Zopfende. Dieses Zopfende, also ein körpereigenes Schreibgerät, weist einerseits zurück in den Ursprung jeden Schreibgeräts, zurück zur analphabetisch sangesmächtigen Zunge. Sie braucht, um loszulegen, keine Tinte, höchstens Spucke, und kein Papier, allenfalls Ohren.* Andererseits weist Meng Hsiäs Zopf über alle offi-

* Körpereigene Schreiborgane stoßen selten auf körpereigene Schreibflächen, sie sind auf Papier, Schnee, PVC grundsätzlich angewiesen. Umgekehrt empfangen körpereigene Schreibflächen selten die Botschaft körpereigener Schreibor-

ziellen Pinsel hinaus: Die Notlösung erklärt die üblichen Pinsel zu Notlösungen, sich selbst zu eigentlicherem Gerät, sie erhebt sich in das Reich wahren Schreibens. Amor, der Landschaftsmaler, malte süße Szenen mit einem Finger, der so rötlich war wie eine Rose. Ganesha, der Glücksgott und Hindernisbeseitiger, schrieb, nach hinduistischer Überlieferung, die gesamte *Mahâbhârata* mit seinem einen Stoßzahn. Daß er ihn sich eigens ausgebrochen habe, wurde aufgeschrieben mit streikenden Stengeln auf Blätter der Talipat-Palme, begehrter Nahrung; die ganze Angelegenheit gefeiert als Konkordanz zwischen der Göttlichkeit des Textes und dem körpereigenen Schreibgerät des Gottes. Ob der Zahn hierbei ab und zu nachwuchs oder sich gar nicht erst abrieb: diese überformatige Ausdauer findet ein Gegenstück im überformatigen Andeuten jener ewigen Mutter Hesses, die einen Programmpunkt liebender Ovidschüler à la Hausmann, das Schreiben sofort verebbender Worte auf nackte Rücken, firmamentgemäß vergrößert. Diese luftige Art des Schreibens wird zwar von Düsenjägern, die Slogans und Werbespots aus Cirrus quer über den Himmel ziehen, also von Schreibzeug, das Schallgrenzen durchbricht, persifliert; läßt sich aber nicht stören in seinem Bestreben, das Schreibgerät, also Hesses spielenden Finger, dem Beschreibstoff, also Hesses flüchtiger Luft, anzunähern – so lange, bis im Gleichschritt Gott mit Feuer auf Feuer und die ewige Mutter mit Luft auf Luft schreibt.

Aphorismen, die von sterbenden Dichterfürsten mit dem Finger in die Luft des Sterbezimmers geschrieben werden, versetzen den dabeistehenden Chronisten, der die Spiegelschrift entziffern will, in die beunruhigende Gewißheit,

gane: »Der illustrierte Mann« von Ray Bradbury wurde von einer fremden Tätowiernadel illustriert; der gebräunte, blondbehaarte junge Männerarm, anläßlich einer Autorenlesung in Flensburg, von Christine Brückner mittels Kugelschreiber mit Autogramm versehen.

jetzt erst würde wirklich geschrieben. Jetzt werde endlich gesagt, was die gesammelten Werke, einschließlich Nachlaß, verschwiegen. Diese Gewißheit täuscht keineswegs – solange der Text der Luft nicht wiederholt wird und solange sich der Entziffernde nicht in umgekehrter Blickrichtung hinter dem Liegenden aufstellt. Dies darf er nicht tun, um des wahren Schreibens willen nicht, das keines Eintunkens mehr bedarf; um der Einheit willen nicht, in welcher scheinbares Schreiben und gleichzeitiges Ausradieren aufgehen; um der ewigen Luft willen nicht, die das haltbare Papier beschämt. Stellte sich der Stehende hinter dem Liegenden auf, er müßte, bevor das erleichterte Lesen gelänge, erkennen, daß nicht der ins Leere schreibende Finger das natürliche Urbild für jedweden Schreibkiel abgibt, den ewigen Urstift; sondern daß umgekehrt der wandernde Finger zur Attrappe des ewigen Stiftes wird, zum sinkenden Scheinstift, der soeben vergessen hat, daß er eigentlich in entschwindende, unnötige Tinte eintauchen müßte.

> Vierhundert Anschläg' pro Minute schafft eine Schreibkraft, eine gute.
>
> Eugen Roth, *Die Schreibmaschine,* 1959.

> Maschinelles und automatisches Schreiben widerruft den Phallogozentrismus klassischer Schreibgriffel.
>
> Friedrich Kittler, *Grammophon Film Typewriter,* 1985.

> Diese Maschine ist delicat wie ein kleiner Hund und macht viel Noth – und einige Unterhaltung.
>
> Friedrich Nietzsche über seine
> Malling-Hansen-Schreibmaschine, brieflich, 1882.

Der moderne Mensch schreibt nicht zufällig »mit« der Schreibmaschine und »diktiert« (dasselbe Wort wie »Dichten«) »in« die Maschine. Diese »Geschichte« der Art des Schreibens ist mit ein Hauptgrund für die zunehmende Zerstörung des Wortes. Dieses kommt und geht nicht mehr durch die schreibende und eigentlich handelnde Hand, sondern durch deren mechanischen Druck.

Martin Heidegger, *Parmenides,* 1942.

Denn nirgends ist der Kontakt zwischen Gedanken und Wort enger als auf der Schreibmaschine. Freilich nicht zwischen Gedanken und Schrift. Die Hand, die ins Material der Tasten schlägt, kümmert sich nicht um das geschriebene Resultat, das weit dort oben am Horizont der Maschine vorüberschwebt. Sondern sie meißelt aus den Tasten Wortleiber, so deutlich, daß man sie oftmals in den Fingern zu halten meint, unter deren Druck sie sich plastisch aus der Tastenfläche ausformen. Der Prozeß des Schreibens ist auf der Maschine aus einem zweidimensionalen wieder dreidimensional geworden. Die Worte, so viele Jahrhunderte hindurch bloß gelesen, lassen sich wieder abtasten; so bekommen wir sie vielleicht endlich in die Gewalt, nachdem wir allzulange ihrer fremden Herrschaft ausgeliefert waren.

Theodor W. Adorno, *Worte ohne Lieder,* 1931.

Cembalo Scrivano, das Klavier des Schriftstellers. Die Zahl der Tasten schwankt; immerhin hat das Klavier des Schriftstellers, seine Schreibmaschine, nicht wesentlich weniger Tasten als ein Klavier. Schreibmaschine und Klavier sind, was die Tastenzahl oder was die Erzielung virtuoser Geschwindigkeiten betrifft, sogar wesentlich verwandter als Schreibmaschine und chinesische Schreibmaschine. Auf dieser, jedenfalls auf ihrer vorelektronischen Ausführung, lassen sich lediglich Adagios spielen, zehn Zeichen pro Minute kommen zum Zug. Daß der Umgang mit der chinesischen Schreibmaschine jahrelang geübt sein will: diesen Nachteil teilt sie mit dem Klavier. Die Tastatur normaler Schreibmaschinen ist mehrmanualig gebaut, steigt terrassiert auf. Jede Taste, außer der Leertaste und einer aus Symmetriegründen vorhandenen Blindtaste, zeigt einen anderen Buchstaben und damit ein eigenes Gesicht. Dem Sechzehnfuß des Cembalos entspricht die Schreibmaschinentaste für Großbuchstaben. Dem Zirpen des Vierfußregisters entspricht die rote Farbe zweifarbiger Farbbänder. Dem Lautenzug entspricht jenes intime Typenrad, das eine Art Handschriftimitation mit sich führt. Die tiefsten Töne der Subkontra-Oktave des Bösendorfer Imperial werden nicht öfter gedrückt als die abgelegensten Tasten einer zeitgenössischen privileg electronic 3000. Nicht nur mit Q und X wird hier aufgewartet, nicht nur mit %, überdies mit ‰, mit $ und *. Zwischen 0 und O besteht ein visueller Unterschied. Sogar H_2O und 45° werden problemlos bereitgestellt.* Auf elektronischen Maschinen lassen sich sogar klaviergemäßere Glissandi spielen als auf mechanischen Typewritern: kurze Glissandi abgerechnet, mindestens sechzehn. Sie lauten z. B.: !“§$%&/()=?` Oder: ´ß0987654321 Oder: qwertzuiopü+ Oder: ASDFGHJKLÖÄ‰ Oder: `?=›‹/&°$^{32}µ. Jeder Glissandierversuch auf nichtelektronischen Modellen, überhaupt jeder Versuch in Richtung Vollgriffigkeit**, endet unweigerlich in einem metallenen Verklumpe im Typenkorb: nur in dünner, frühgriechischer Einstimmigkeit finden die Hämmerchen, eins nach dem anderen, durch das Nadelöhr ins Himmelreich des Aufgeschriebenen.

* Im Allegro der A-Dur-Sonate opus 101 führt Beethoven das frisch vom neugebauten Hammerklavier bereitgestellte Kontra-E in die Instrumentalgeschichte ein; setzt sozusagen ein Sternchen an die bedeutsame Stelle, schreibt unter die betreffende Note: »Contra-E!«

** Von der Schreibmaschine her gesehen, besteht zwischen einem h-moll-Akkord und einem Ellenbogen-Cluster kein Unterschied.

Seit Poet, Sänger und Instrumentalist, die alle drei von Orpheus gleichmäßig umfaßt worden waren, auseinanderwuchsen, durchlief die Lyra des Orpheus, im Zug solchen Auseinanderwachsens, Metamorphosen, die nicht an ihrer Wiege, jedenfalls kaum von Orpheus, gesungen worden waren. Verschieden lange Saiten, deren Zahl, außer beim Monochord, sich vergrößerte, beieinander zu halten: dieses Prinzip änderte sich, durch die Jahrtausende, nicht im mindesten. Irgendwann allerdings verdoppelte sich Orpheusens Plektron. Es bearbeitete ab jetzt, in Gestalt zweier Schlegel, die sich verlängerten, die Leier, die zur Abwechslung in die Horizontale ging und in diesem Fall Zither hieß. Der Schutzkasten der Zither, der nach beendetem Spiel zugeklappt wurde, öffnete sich eines Tages nicht mehr. Nun saß die ehemalige Leier, wie Luftgeist Ariel in einen Fichtenstamm eingeklemmt, in einem hölzernen Gefängnis. Sie wurde, auf Umwegen, mit weiter vervielfältigten Plektren gekitzelt und hieß ab diesem Zeitpunkt, zusammen mit ihrem Gefängnis, falls es sich bei den Plektren um vierzig Rabenfedern handelte, Cembalo; falls aber behutsame Tangenten den Dienst versahen, Clavichord. Kaum war das Pianoforte da, vergrößerte es sich, im Zeitalter des Aufschwellens, zum Konzertflügel. Kaum trat das Zeitalter der Entseelung heran, wurden die beseelten Cembali, eben die Klaviere, gründlich entseelt, d. h., die in einen schwerfälligen Körper hineingebannte Seele, das Saitenspiel, wurde aus diesem Körper, diesem resonierenden Schildkrötenpanzer, wieder herausoperiert, Ariel befreit: nicht aber zugunsten des unrekonstruierbaren Saitenspiels herausoperiert, das zur Schlaggitarre der Liedermacher depravierte, sondern vor allem zugunsten der übrigbleibenden, toten Verschalung. Diese Verschalung perfektionierte sich, samt aller Tasten, hinauf zur Schreibmaschine, von welcher es im 19. Jahrhundert immer wieder Ausführungen in Holz gab, zum

Piano, nein eher zum Forte des womöglich unmusikalischen Schriftstellers. Sogar die Stimmhebel der versunkenen Lyra fanden im Tastaturbereich der Schreibmaschine neue Aufgaben. Aber o Schreck: wo achtzig gepolsterte Hämmerchen in flinken Gruppierungen vorsprangen, Ketten bildeten, sich einzelne im Alleingang von den Grüppchen und Gruppen ablösten, zurücktauchten, wiederkamen, alle mitsammen in Tanzschritten die unvergessene Lyra des Orpheus an ganz verschiedenen Punkten simultan aufleuchten ließen, derweilen ein Präludium aus dem Wohltemperierten Klavier erklang, schlug jetzt ein Kollektiv entfleischter Metallknochen, härter als der Urahn des Plektrons, härter als Fingernagel, unfähig zu irgendeiner anderen Vortragsart als zum staccato, auf eine absolut desolate, unempfängliche, unerweichbare Hartgummiwalze, trocknen Herzersatz, ein liegendes, lächerliches Gegenbild zu Memnons tönender Säule. Nichts, in akustischer Hinsicht, nicht einmal einen hingestümperten Flohwalzer, liefert das verselbständigte Außenskelett des ehemaligen Klaviers, das abends in einen Schutzkasten kommt, die Schale der Schale: nichts liefert es als lineares Trommelfeuer, Trommelfeuer, das vom Orgelpunkt eines Dauertons unterfangen wird.

Wer allerdings Bach gegen MG-Geratter ausspielt, tut der Schreibmaschine unrecht. Als sich ihr prominentester Gegner, Heidegger, gegen ihr Mechanisches, zugunsten handelnder Hand, aussprach, erwies er sich unversehens seinerseits als Maschine mit Repetiertasche; statt als Leier bestenfalls als Drehleier, ja, als Leierkasten. Gleichwie Vivaldi, laut Strawinsky, unablässig dasselbe Violinkonzert aufs neue komponierte, zweihundertmal, so wiederholt Heidegger mehrmals hintereinander dieselbe Aussage, wobei die Umformulierungen den Rang leitmotivischer Variationen nicht erreichen: »Die Schreibmaschine entreißt die Schrift dem Wesensbereich der Hand, und d.h. des Wortes.« Dann: »Das maschinelle Schreiben nimmt der Hand im Bereich des geschriebenen Wortes den Rang und degradiert das Wort zu einem Verkehrsmittel.« Dann: »In der Schreib-maschine liegt der Einbruch des Mechanismus in den Bereich des Wortes.« Dann: »Die Schreib-maschine verhüllt das Wesen des Schreibens und der Schrift.« Dann: »Sie entzieht dem Menschen den Wesensrang der Hand.« Das Entlarven ihrer Stürmer genügt der Maschine nicht. Sie entlarvt zusätzlich das selige Klavier als Maschine der Pianisten. Nichtsahnend verbessert die Mozart-Interpretin ihre Technik und entzieht damit der Hand den Wesensrang orpheischen Lyraspielens. Pianistische Fingerübungen sehen jederzeit eher nach dem Zehn-Finger-Blind-Tast-System hirnaustreibender Schreibmaschinenkurse aus als nach jener Seele und Sehnsucht, die auf Alberti-Bässen überhaupt erst halbwegs aufzusteigen pflegt.

Umgekehrt kann die Schreibmaschine ihrerseits zum Instrument, ja zum Musikinstrument avancieren, entweder ganz direkt, nämlich dort, wo, wie bei Ligeti, der ein Stück für soundso viele Schreibmaschinen schrieb, das Geprassel komponierend zurückgeführt wird in Struktur. Oder sehr indirekt, nämlich dort, wo sich alle Musik, die zwischenzeitlich der Klangentfaltung der Schreibmaschinen fehlte, im Klingelzeichen am Zeilenende herkömmlicher Modelle sammelt, bedeutsam aufstaut eben in diesem Klingelzeichen, im Brennpunkt Glockenton, der in seiner heimlichen Trauer und Verheißung die Celesta von Papagenos Silberglöckchen überrundet und von dem in den vibratolosen Piepsignalen elektronischer Maschinen wenig nachzittert – wobei sich auf das angetippte Glöckchen hin nie ein entsprechendes Bescherungszimmer weihnachtlich öffnet, sondern sich immer bloß die Durststrecke einer neuen Zeile dehnt. Vor allem aber dort geht Maschinenschreiben in Musizieren über, wo die Musik nicht im Klappern und Piepen

Abb. 9 »In der Strafkolonie«. Lithographie von Werner Brach, 1972

gesucht, sondern im stillen Output gefunden wird, der »weit dort oben am Horizont der Maschine vorüberschwebt« und der bei allen Modellen vor 1890 nicht sofort sichtbar ward. Der Schreibende wurde mit den direkt abtastbaren Worten und mit seinem privaten Tastsinn allein gelassen, so, als könne tatsächlich auf das geschriebene Resultat gepfiffen werden. Wer es nicht aushalten konnte und unverzüglich die eigenen Worte sehen wollte, mußte eine Extraklappe hochheben. Immerhin war eine solche Klappe wenigstens vorhanden. Während das Klavier lediglich über eine Klappe verfügt, auf die rein äußerlich Noten gestellt werden, steigen aus den mystischen Eingeweiden der Schreibmaschine, jenseits motorischer Verausgabung, Original-Partituren hervor – Geist, der sich, dank eines kleinen Hebels, loslöst aus der Klemme: Ariel, luftiger denn je, sehr im Gegensatz zum Delinquenten der Strafkolonie, der zwar gleichfalls zu seiner Verzückung kommt, dies aber, indem er in der Maschine verbleibt. Während es dem Klavier und seinen abgespielten Sonaten nur in Zusammenarbeit mit Tonband oder Walkman gelingt, sich nicht in die Luft hinein spurlos zu verzetteln, vereinigt die Schreibmaschine Klavier und Aufnahmegerät, sogar Notenschreibmaschine, in einem Gebilde; die Funktion des Cutters übernimmt die Korrekturtaste. In den Anfangszeiten der Schreibmaschine hat sich die Schreibmaschine beim Klavier alles abgeguckt, die Tastatur, die Verbindung von Taste und Hammer durch ein Hebelsystem, beim Cembalo das Beschlagen von unten, das sich nicht lange halten konnte. Heute schielt das Klavier, nicht nur das elektrische, nach den Fortschritten der Schreibmaschinenindustrie: ausgelöst werden unter der Tastatur eingebaute Kontakte, die unnötigsten Impros sofort nebenan ausgedruckt. Dergleichen Mätzchen läßt die Schreibmaschine der Zukunft schon wieder hinter sich. Das Eingegebene wird kaum noch Verlangen haben, sich weiterhin auf plumpem Zellulosederivat trommelnd zu materialisieren. Vergeistigt huscht es über den Monitor, durchstromert selbstgenügsam, umworben von Lichtgriffel und einem Irrlicht namens Cursor, durch ein summendes, absolut papierunabhängiges, nur noch stromabhängiges Digitalien. Im letzten feinen Summton kommt die älteste Musik nach Hause, jener Wind, der auf der Äolsharfe spielte, bevor sie von Orpheusens handelnder Hand dem Wesensrang des Windes entzogen wurde – ein unlabiler, meditativer Wind, ein Wind, der vom Zufall seines Aufkommens und Nachlassens befreit wurde, befreit zwischen On und Off vom Auf und Ab seines Strömens.

> Das stört mich ärgerlich in meinem tiefsinnigen Studium der bizarren Rauchschriftzeichen, die um mich irren, und über die einen Leitfaden zu verfassen ich bereits fest entschlossen war.
>
> Thomas Mann, *Vision*, 1893.

Ersatzstift und Pseudotinte. Stift und Papier, Maschine und Papier genügen nicht. In ihre Nähe treten weitere Objekte: Schere, UHU-Tube, Brille, Lampe, Locher, Rechner, Stempelkissen, Aschenbecher, Falzbein, Zählhütchen, Folienmarkierstift, Lineal, Brieföffner, Fliegenklatsche, Kaffeekanne, Ohropaxschachtel. Manche Objekte starben aus: Streusanddose, Siegelring, Löscher, Briefbeschwerer, letzterer mangels Schreibtischwind. Andere Objekte sprangen erst vor kurzem aus dem Haupt der Schreibwarenindustrie, siehe Tipp-Ex-Stift. Nicht alle dürfen beanspruchen, in den engen Kreis des amplifizierten Schreibzeugs zu gehören. Manche sind zutiefst unnötig. Sobald sie aber wegfallen, fällt das ganze Schreiben, das sich an

Abb. 10 Federzeichnung von Franz Stassen, 1899

sie gewöhnt hat, zusammen. Die Zigarette überspielt ihre Unnötigkeit, indem sie so tut, als bewahre sie den Stift, dem sie sich anatomisch angleicht, vor dem Angeknabbertwerden. Sie gibt sich als eine Art zweckfreies Schreibgerät, eins, das nicht zwischen Daumen und Zeigefinger, sondern zwischen Zeigefinger und Mittelfinger gehört: Zigarette = unangespitzter Bleistift/ Tabakfüllung = Mine/ Holzmantel = Zigarettenpapier. Tatsächlich finden Stiftform und unbeschriebenes Papier in der Zigarette in ganz ungewohnter Weise zusammen: der weibliche Anteil, das Papier, statt sich, wie immer, hinzuhalten, wickelt den Stengel ein. Vereint in einem Gebilde brennen sie ab; sogar physiologisch basiert die Zigarette auf dem Bleistift-Prinzip. Die Zigarette führt dem Bleistift das typische Bleistiftschicksal im Zeitraffer vor. Beim Kürzerwerden tendieren Zigarette wie Bleistift zur Bildung übrigbleibender Stummel. Nebenbei fällt Blei und Asche ab, beides kann im selben Becher landen, grau. Aus dem jeweiligen Stummel das letzte herauszuholen, diente zuzeiten ein spezielles, kunststoffnes Verlängerungsstück; es wird in Wegwerfzeiten hinfällig. Immer kürzer wurden die Stummel; während ein letztes Zentimeterlein im Führungsröhrchen selbst von Druck-Bleistift und Fallminenstift verblieb, hinterließen filterlose Zigaretten zumindest Stummel von Filterlänge. Das Kürzerwerden dient der Produktion: auf der eigentlichen produzierenden Seite der Zigarette geht ungezielter Qualm ab; die andere Seite ist aber nicht, wie das Ende des Bleistifts, blind. Sondern wie aus einem Strohhalm, der zugleich Flasche ist, wird Rauch abgemolken und oral in die Luft geschrieben. Die Nasenlöcher erneuern jene Schulzeitversuche, in denen es darum ging, mit zwei Buntstiften gleichzeitig zu zeichnen. Der einzige Buchstabe, der beim Rauchen halbwegs lesbar zustande kommt, das klassische O, oder eine 0, verzieht sich sofort ins hoffnungslos Unentzifferbare – im Gegensatz zum Stiftprodukt Wort, das sich krampfhaft festklammert am Papier und an der eigenen Form; mit allen Stäbchen sich dagegen sträubt, von vornherein gleichfalls bloß Rauch sowie Schall zu sein. Gleichwie der Zigarettenrauch durch Mund und Nase abfließt, fließt der Rauch der Worte durch Auge und Ohr in den Rezipienten, den passiven Kettenraucher hinein. Zigarettenrauch führt sowohl die Vergangenheit wie die Zukunft der Wortschrift anschaulich vor: die Vergangenheit, indem urtümliche, indianische Rauchzeichen in die Luft gesetzt werden, unbrillant, präartifiziell, diesseits von Sprachmagie, und zwar mit einer Fackel, die nichts erhellt, sondern die alles verpestet. Die

Zukunft des Wortes insofern, als das fluid flanierende, duftige, fühlsame Wort, bei allem Anklammern, mitunter seine erdhaften connections und Anteile am liebsten abstreifte, alles Schreibzeug stehenließe, aufstiege wie eine superpoetische Schäfchenwolke, ohne zu grauem kalten Rauch zu zerfließen, wesenlosen Schlieren, auf dem Weg zu entweder impressionistischer, taoistischer oder digitaler Vergeistigung gasförmige Buchstaben an irgendein Firmament tupfte, nicht bloß ein unverbindliches O und alles andere als eine vaporisierende 0.

Wo Textverarbeitungssysteme vorherrschen, bleibt die Zigarette der einzige Stift auf weiter Flur. Wo das Tintenfaß ausstarb, wird dessen Ausgebauchtheit von der Tee- oder Kaffeekanne weitergetragen. Die Tülle der Kanne erweckt momentelang den Anschein, als spitze sich da etwas zu einer Art Schreibkanal zu. Der Strom ausfließender Flüssigkeit macht Miene, ein Grundelement jeder Schriftsprache zu bilden – einen Strich, einen vertikalen Gedankenstrich, dessen Lesbarkeit, die er mit historischem Kaffeesatz teilt, auf der Stelle, sobald der Strahl in der Tasse auseinandergeht, aufhört. Während Stift und Tinte kühlen Kopf behalten, dampfen Zigarette und Kaffee als antike Opferfeuer der Gegenwart. Die Temperatur des Kaffees imitiert die Temperatur des Herzbluts, das sich weitgehend schon beruhigt hatte, bevor abwaschbare Tastatur heraufdämmerte. Zwischen heißem Blut und heißem Kaffee liegt die bei Zimmertemperatur stehengebliebene Tinte, schwarz wie geronnenes Blut, schwarz wie Kaffee*, zivilisiertes Blut, ungültig beim Abschließen von Teufelsbündnissen, haltbarer als Blut, bisweilen blau, bei Tintenfischen braun, braun wie Kaffee – wobei die Tintenwolke des Tintenfischs so amorph bleibt wie Zigarettenwolke, Kaffeepfütze und Blutlache.

* Je schwärzer Kaffee ist, desto tintenähnlicher wird er: Tinte, die es nicht zur Lichtbeständigkeit bringt, rangiert als der Muckefuck des Schreibtischs.

Im Blutströpfchen, dem ernsten Vorfahr des lustigen Tintenkleckses, sammelt sich die ganze christliche Wucht entweder des Opfertods oder der Verschreibung. Kaffeeflekken, dagegengehalten, machen sich lächerlich. Gleichwohl würde das Blut, ohne Kaffeenachschub, in der Ader stokken. Es würde dick werden wie das des dürstenden Sven Hedin, der in der Wüste Gobi sich schnitt, dick wie verklumptes Kaffeepulver. Die Zunge wäre nicht mehr in der Lage, einen ausgetrockneten Geha inky zu befeuchten. Ohne den verbindenden Tintenfluß bzw. ohne Kraftwerkstrom, der die Maschine durchspült, stehen sich die aufeinander bezogenen Teile des Schreibzeugs fremd gegenüber, nutzloses Dörrobst. Jedem Schreibvorgang müssen Repräsentanten des ewigen H_2O, in wohlabgemessenen Quanten, sekundieren, umschlossen von Fäßchen und Täßchen. Mit trocknen Lippen hängt der kaffeetrinkende Schriftsteller oder der schriftstellernde Kaffeetrinker weiterhin am dampfenden Urozean des Archaikums. Seine chemische Zusammensetzung wurde vom rezenten Blutplasma treulich übernommen. In den abgekühlten Nachfolgern Atlantik, Pazifik, können die fast ausschließlich aus Wasser bestehenden Menschen, bei Deichbruch, genauso ertrinken wie die geronnene Schrift bei überschwappender Kaffeetasse oder umkippendem Tintenfaß – wobei die Schrift diesem Tintenfaß genauso knapp entrann wie die Ursuppe damals dem heimatlich brodelnden Chaos. Es begleitet den Autor bis dahin, wo selbst Tinte und Stift zurückbleiben. Als geklärtes Miniaturaquarium, urlebendig perlend, als bewältigte Stichprobe, in geistvoller Transparenz, zusammengehalten von offener Phiole, steht es in Gestalt eines Mineralwassers auf dem Vorlesetisch und spricht – unabhängig davon, ob es benutzt wird oder scheinbar unbeachtet bleibt – Bände.

Lurchi zieht aus dem Gemisch
einen großen Tintenfisch,
wirft ihn kühn ins Meer zurück,
was dem Fische dient zum Glück.

Salamander-Heftchen, um 1961.

Siebensaitige Schildkröte, Tintenfischträne und Pelikan. Hermes, noch ganz jugendlich, begegnete am Hoftor einer stattlichen Schildkröte, die weidete Gras mit tastendem Gesicht in der Morgensonne. »Der hilfreiche Sohn des Kroniden« grüßte sie – sie blieb stehn –, nannte sie »Sängerin« – sie sang gar nicht –, hielt ihr eine längere, freundliche Rede – sie kaute –, raspelte Süßholz, setzte ihr Vorschußlorbeeren aufs faltige, angeblich musikalische Haupt. Sie kaute. Nie hatte sie gesungen. Hermes sah schon das Musikinstrument in ihr, das er aus ihr machte, indem er sie auf den Rücken legte, einen Meißel nahm, den Panzer aufschlug, den lebenden Körper herausschnitt und unter zusätzlicher Verwendung von Binsen, Rindshaut, Holz und Schafsdarm die erste Lyra der abendländischen Musikgeschichte, lange vor Orpheus, herstellte. Mit mächtigen Tönen begleitete die umfunktionierte Schildkröte den Stegreifgesang des Gottes. Hermes hatte ihr den Mund mit dem Meißel geöffnet: lebendig war sie stumm geblieben, tot begann sie zu singen. Leider erlebte sie das nicht mehr mit. Dank ihres vorzeitigen Todes stieg sie auf zum langlebigen, heimlichen Emblem sowohl der Musik wie der Poesie: Ohne Schildkröte keine Lyra, ohne Lyra keine Lyrik. Obwohl jedem Anfang, wie Hermann Hesse dichtend behauptete, ein Zauber innewohnt, stand an diesem Anfang kein konzilianter, weinend zu genießender Moll-Akkord wie jener, von dem Schopenhauer, im Hinblick auf die Philosophiegeschichte, sagte, er habe an ihrem Anfang gestanden wie am Beginn der *Don Giovanni*-Ouvertüre. Sondern an diesem Anfang stand eine unverzeihliche Dissonanz. Ihre Blutspur, begleitet vom ärmlichen Geklapper frühgriechischer Monotonie*, zieht sich durch die Kulturäußerungen der Jahrtausende. Ohne den Biber, den Zobel, ohne den Rotmarder keine Kunstgeschichte. Ohne die Honigbiene keine antike Schreibkultur: um eine einzige Wachstafel mit Wachs zu beschichten, mußte ein Volk ausgeräuchert werden. Ohne die Schildlaus keine karmesinroten Anfangsbuchstaben in mittelalterlichen Gebetsbüchern. Ohne Ziege und Kalb kein Pergament; ohne ungeborene Lämmchen konnte das begehrte Jungfernpergament nicht hergestellt werden. Ohne Gans keinen Gänsekiel, ohne Darm keine Stradivari. Mozart verbrauchte Unmengen von Gänsefedern wie von Rabenfedern. Die Sepia wurde unverhohlen Tintenfisch genannt. Die dunkle Flüssigkeit, die sie aus der körpereigenen Patrone durch den After, nach dem Spraydosenprinzip, abgab, konnte sie nicht unsichtbar genug machen, um jenen zu entgehen, die mit dieser Flüssigkeit unsichtbare, bloß gesungene Strophen sichtbar machen konnten. Tintenkleckse, die bei diesem Sichtbarmachen abfielen, waren im Grunde verspätete Tränen. Der Schildkröte wie dem Tintenfisch wurde ausgerechnet die Schutzfunktion zum Verderb: ein Wesen ohne resonierfähige Schutzmauern hätte Hermes vielleicht leben lassen. Nicht bloß durch archaische Zeiten oder exotische Breiten geht der Trauerzug der gerupften und zerquetschten Tierheit, sondern bis hinauf in humanistischste Stoßzeiten, zivilisierteste Konzertsäle, stillste Kämmerchen. Über die Barbarei tibetanischer Kurztrompeten und Trommeln, die sogar aus Menschen-

* Auch bei Orpheus kann die Musik, von Mozart aus gesehen, nicht entscheidend besser geklungen haben. Die legendäre Sensibilität des tierlichen, ja geologischen Publikums erscheint um so rührender, je weniger der folkloristische Anlaß faktisch gerührt haben kann.

schenkeln und Menschenschädeln gefertigt werden, ist das klassische Klavierkonzert im wesentlichen nicht hinausgekommen. Es ruht jederzeit auf den Schultern gerodeter Wälder, aufgerissener Berge, gegerbter Bälge, auf Elefantenschultern. Urwaldtrommel und Violine haben eines gemeinsam: ein Vieh wurde geschlachtet, das Fell kommt auf den vielleicht sogar pflanzlichen Trommelrumpf, der Darm auf die Geige, nun soll sie ein adagio misterioso hinlegen, nun soll sie erlösen – die Erlösung hängt, wie immer, am Darm.

Die erlösende Musik verschärfte die Unerlöstheit der Tiere: erst Chemie und moderne Technik erlösten etwas weitgehender. Eisengallus, Schwefelammonium, Sulfate, Anilin erlösten die Sepia. Die Stahlsaite erlöste das Schaf von der ehrenvollen Schmach, jahrtausendelang seinen Darm hergeben zu müssen, so sank das Schaf zurück ins ewige Mäh. Der anorganische Füllfederhalter mit seiner Stahlfeder oder Goldfeder hätte beinahe die trotzdem weitergeschlachtete Gans vom Gerupftwerden erlöst. Schreibwarenfirmen tragen dementsprechend mit Vorliebe die Namen solcher Vögel, deren Federn ehedem an der Stelle von Erzeugnissen dieser Firmen standen: ein Softliner trägt die Aufschrift: »GERMANY Schwan-STABILO point 88«; Schulfüller sind regelmäßig von Pelikan. Während sich, im Hagelfeuer der Typewriter, Embleme, die eine historische Schreibfeder zeigen, wie das Signet des Weitbrecht-Verlags, nach der Notlösung Gänsekiel beinahe zurücksehnen, bewegt sich ein auf eine Schreibware gedrucktes Wappen, das nicht nur das abgerissene Teil eines geschändeten Lebewesens zeigt, sondern eben einen kompletten Schwan oder Pelikan, auf der Höhe jener entspringenden Quelle, die auf ein Trinkgefäß gemalt wurde. Hier wird der Pelikan der christlichen Ikonographie umgepolt: Christus opferte sich für die Menschheit, der Pelikan für die schreibende Menschheit. Zwei minimale Apostrophe hocken im schematischen Nest und empfangen das Blut Christi. Der Selbstaufopferung wird ein Mahnmal gesetzt, so, als sei es gut, sich selber zu opfern. Zugleich aber wird, indem sich alles um Tinte dreht, gesagt: »Solches Blut braucht nicht mehr zu fließen. Die Stigmata der Schöpfung dürfen sich getrost schließen. Wir haben sie geschlossen. Unserer Firma ist es gelungen, sogar den Erlöser zu erlösen.«

Der christliche Pelikan dagegen könnte sagen: »Nicht genug, daß mein zoologischer Vetter als Kiellieferant mißbraucht ward, nun ward auch ich, ein hochheiliges Jahrtausendsymbol, als Markenzeichen mißbraucht. Das christliche Wandlungsmysterium hat sich unter euren Händen verwandelt in das dürftige Mirakel eines geheimzuhaltenden Rezepts. Das Rezept für moderne Tinte stopft ihr in einen Safe, als handele es sich um einen so besonderen Saft wie Coca Cola.«

Der Pelikan der Zoologie könnte sagen: »Ihr alle zehrt von meiner Gestalt und vor allem von meinem Namen, von dem ich nichts weiß. Ich muß herhalten, wenn es darum geht, eure Produkte loszuschlagen und euren religiösen Perversitäten Zugkraft zu verleihen. Ich bin die ewige Quelle, an der eure hinfälligen Becherchen zeitweise hängen.«

Das Wappentier Pelikan, dessen Schnabel genauso spitz zuläuft wie die auf derselben Patronenschachtel abgebildete Edelstahlfeder, könnte, ohne den Schnabel zu öffnen, sagen: »Ein Vogel, der nicht weiß, daß er Pelikan heißt, ist kaum vollgültig vorhanden. Er hat nichts im Sinn oder im Schnabelsack als empirisch zuckende Fische. Er könnte sich zwar Quelle nennen, entbehrt aber der Vorzüge einer gemalten Quelle. Die Bedeutungskonzentrate der verschiedensten Pelikane vereinigen sich nirgendwo als im Wappen, einerlei, wofür es steht. Indem es für irgend etwas steht, so wie der in Jeans gestellte Marmor-David von Michelangelo für Jeans steht und mit Jeans mehr bedeutet als ohne Jeans, gewinne ich einen Zuwachs an Doppelbödigkeit, der es im Grunde in sich hat.«

Purgatorium Papierkorb. Bevor eine Seite zerknüllt wird, werden einige Passagen, dann immer mehr Passagen, durchgestrichen. Wer zum Durchstreichen ein Lineal genommen hat, hat besonders akkurat guillotiniert: die Delinquenten appellieren an das Lesermitleid, sie spielen die Weihe des Nicht-mehr-sein-Sollenden prompt gegen Stehengelassenes aus. Das Durchgucken des Gestrichenen hat viele Streicher veranlaßt, es unleserlich zu machen; mittels Krickelkrack, mittels Drüberschreibung anderer Worte; mittels x-Taste. Indem solche Verunzierungen dem Briefempfänger oder Manuskriptleser unnötig viel Zeit abverlangen beim Versuch, im Krickelkrack doch etwas zu erkennen, steigert sich die Magie des zwölften Zimmers. Im Annullierten liegen bombastische Zukunftsperspektiven, daneben sieht die Trauer des Vollendeten verkalkt aus. Schlechtes, das nicht gestrichen wurde, wird noch schlechter. Kaum wird es gestrichen oder zerknautscht, mausert es sich zum Anwärter auf Besseres.

In der Institution Papierkorb erfahren Radiergummi, Tintenkiller und Tipp-Ex eine Steigerung ins Riesenschlundhafte. Die drei Mini-Mörder, in ihrer Einzelarbeit, verzwergen zu Vorkostern eines Ausmerzens, das erst auf Papierkorbebene Brisanz in die Segel bekommt. Der Papierkorb, die zweite Instanz, Torhüter alles offiziell Übrigbleibenden, gefällt sich als freßsüchtig und als Omnivor: frißt nicht nur Fortgerubbeltes, Überpinseltes, Überflüssiges, Dreiviertel-Gelungenes. Er frißt sogar die gesamte erste Instanz, sobald sie im Ausradieren nachläßt, in sich hinein, Restklumpen, impotente Hülsen, samt Kappe, Tipp-Ex-Fläschchen, samt verklebtem Kurzpinsel; mit Buchstaben schwarzgeschlagene Tipp-Ex-Streifen. Opfer und Exekutoren ruhen, benutzt und überbenutzt, in unästhetischem Verein. Sie ruhen zwischen Mitmischern, zwischen Cover-up-Korrekturbändern, samt deren Schachteln; zwischen Helfershelfern, zwischen Hintermännern, die in Gestalt leerer Patronen, Teesäckchen, 80-Watt-Birnen, in Gestalt blaßgetrommelten Durchschlagpapiers Gesellschaft leisten. Heutige Personal-Computer, deren Besitzer die Delete-Taste betätigen, fragen vorsichtshalber noch einmal zurück: »Are you sure?« Der lebendige Zermalmer wird vom anorganischen Klotz zu humanem Zögern aufgefordert. Sobald aber dem »Are you sure?« ein Yes antwortet, hat alle Behutsamkeit ein Ende, und um die zu löschenden Data ist es absolut geschehen. Sie bekommen keine Gelegenheit, ein Minimum an Spuren zu hinterlassen. Gegen die Nanosekunden gehalten, in denen sie sich auflösen, wird die Zeitspanne, die ein wiederbringliches Blatt Papier beansprucht, um zerknautscht zu werden, zum Äon; die Dauer des Äons zur Gelegenheit für den Zerknautscher, im Zerknautschen innezuhalten. Das Knautschgeräusch wird zur Mahnung, das Blatt eventuell wieder glattzubügeln; das Reißgeräusch zur Aufforderung, die Fetzen eventuell wieder zusammenzufügen. Der fragwürdigste Zettel, selbst der schon tagelang im Papierkorb ruhende, hofft auf eine Hand, die ihm nur selten entgegenkommt; hofft auf ein Hirn, das auf dem abgerissensten Eckchen die verpaßteste Botschaft, eine angesichts des eigenen Todes gereifte, berauscht entziffern würde. Statt dessen mündet der Papierkorbinhalt, einschließlich des beinahe geretteten Zettels, in den allgemeinen melting pot des Müllschluckers.

Bevor die Raviolidosen- und Tamponhölle zuschnappt, ruht der ausgemusterte Geist im Purgatorium Papierkorb.

Nachts versuchen die verworfenen Entwürfe leise sich wieder zu entknautschen, als beschriftete Papierblumen aufzusteigen, den Kraterrand zu erreichen. Ihr gemeinsames, spätes Rascheln lautet: »Are you sure?« Im umgekippten, umgewippten, umgeschwippten, umgestippten, umgestürzten Wunderpapierkorb, der in der Blechschmiede von Arno Holz aufquillt und der längst wiederholt in Tucholskys »großen Papierkorb der Vergangenheit« gedrückt wurde, richten die fatalen, spiralen, infernalen, weggeworfenen, abgetanen Schnipsel sich rätselhaft auf, treten gespenstisch in Reih und Glied, werden plötzlich »hastdunichtgesehn, dendeubelnochmal, heijeijeijei, alle wieder urquick, urfidel und urlebendig«. Als Sandale des Empedokles möchte der schlechteste Schnipsel aus dem Maul des Ätna steigen, des nicht umgekippten, umgeschwippten Ätnas, wohinein der gesamte Empedokles geschubst wurde, bevor er sich von selber hinabstürzen konnte. Tatsächlich kommt jetzo die ersehnte, übergeordnete Hand! Statt aber den Schnipsel zum göttlichen Auge zu führen, dreht sie ihn zu einem Fidibus und führt ihn in Richtung archaischen Holz-Kohle-Ofens. Romantisch erhält nun der Schnipsel die Chance, auf diese Weise, nämlich verbrennend, die Hände dessen zu wärmen, der garantiert alles tun wird für das verbesserte Come-back des Verworfenen. Oben residiert, was aus diesem Verworfenen tagsüber wurde, die schließlich gelungene Ausführung. Sie blüht im Licht der neuen 80-Watt-Birne, offen für jeden Scheinwerfer, taub für das Rascheln der eigenen Vorstufen.

Und eines Tages dann, als ich verstand, daß die Funktion einer Schublade darin besteht, den Tod der Gegenstände zu lindern, zu akklimatisieren, indem sie über eine Art frommen Ort geleitet werden, eine staubige Kapelle, wo ihnen, unter dem Vorwand, sie lebendig zu erhalten, eine ehrbare Zeit düsterer Agonie eingerichtet wird, schleuderte ich, da ich nicht so weit gehen konnte, dieses Stück von mir selbst in den Hausmülleimer zu werfen, das Kotelett und seinen Mull im hohen Bogen vom Balkon, als würde ich auf romantische Weise meine eigene Asche verstreuen, in die rue Servandoni, wo irgendein Hund sie wohl beschnuppern würde.

Roland Barthes in *Über mich selbst*
über seine operativ entfernte Rippe, 1975.

In geschlossenem Zustand gleicht das Instrument einem schwarzen Sarg. Die Innenseite aber ist geradezu verschwenderisch verziert: Der mit Früchten, Blumen und einem Vogel bemalte Resonanzboden hat zwei vergoldete Rosetten mit geometrischen Mustern; die Seitenwände des Gehäuses zeigen ein kunstvoll gemaltes Tapetenmuster und unterscheiden sich darin von vielen anderen flämischen Tasteninstrumenten, die mit richtigen Tapeten überzogen wurden.

Emanuel Winternitz in *Die schönsten Musikinstrumente des Abendlandes* über ein Doppelvirginal von 1581.

Man konnte deutlich fühlen, daß der ganze Tempel sich bewegte, wie ein Schiff, das sich sanft aus dem Hafen entfernt, wenn die Anker gelichtet sind; die Tiefen der Erde schienen sich vor ihm aufzutun, als er hindurchzog. Er stieß nirgends an, kein Felsen stand ihm im Weg..

Goethe, *Das Märchen*, 1795.

Die Schublade und ihre Mystik. Wer dem Radierstift entgeht, gerät in den akinetischen Maelstrom des Papierkorbs. Wem es gelingt, am Papierkorb oder am Löschsystem vorbeizukommen, landet normalerweise in der Schublade. Dort landen oft selbst solche Schriften, die nicht für die Schublade geschrieben wurden. Kein Himmelsradius, keine Birnenbeleuchtung, wie sie den Genossen und Zwillingen im Papierkorb immerhin gegönnt war, scheint herunter in die kalfaterte Gruft: dafür darf unzerknautscht, überhaupt relativ unbedroht in ihr gelegen werden. Keine chemischen Prozesse vollziehen sich in dieser Dunkelkammer, keine Messe findet in dieser Krypta statt, jedenfalls keine Buchmesse. Im Gegensatz zu Schubladen, in denen Wäsche auf Entfaltung wartet, öffnet sich diese Schublade prinzipiell nie. Diese Schublade, die prominenteste aller Schubladen – allenfalls die Schubladen des Schubladendenkens erreichen ihren Bekanntheitsgrad –, bleibt prinzipiell zu. Drinnen ruht brütender Inhalt, brütet – ohne daß ein gelegentliches Aufgezogenwerden der Schublade gleich dem Platzen der Schale gliche und es nun endlich an ein glorioses Ausschlüpfen ginge. Da schlüpft nichts aus. Da versuchte aber etwas auszuschlüpfen; war ansatzweise draußen, um, nach einigem Frust in gefütterten und ungefütterten Versandtaschen, Postsäcken, Ablagefächern, zurückzukehren, zurück ins Kellerloch. Dort vergrößert es Dunkelziffern. Dort hilft ihm sein Flüggesein wenig. Dort leidet es an der toten Hose seines Umfelds. Dort schreit es wie Joseph aus der Grube. Dort verkümmert der Muskel, der den Fühler ins Tageslicht führen möchte. Dort kann es sich im Finstern einreden, es sei zu gut für jene Welt, die in seinem Strahl nicht aufgleißen mochte. Dort kann es den Tag, den fahlen Tag, der seit Tristan nicht mehr recht in Frage kommt, verachten und die ausdauernde Koje zum einzig angemessenen Aufenthaltsort küren. Dort liegt es als Schilfkörbchen ohne Nil, als Flaschenpost ohne Ozean. Kein Erwachen aus dem ganzjährigen Winterschlaf winkt dem eingekapselten Tierchen, dessen furniertes Gehäuse, wie zum Hohn, die Kastengestalt der Arche Noah nachäfft, einer Arche, die nicht vorwärtskommt, klemmt, quietscht, allenfalls ein Stück von Schubladenlänge sich aus dem Gesamtholz des Schreibtischs, diesem A-priori-Ararat, herauswindet, um immer an den alten, nutzlosen Ankerplatz zurückzukehren.

Lautlos träumt der Schubladeninhalt vom jährlichen Mount Everest, den die Frankfurter Buchmesse aufschichtet und dessen Höhe kein Butterberg erreicht; träumt sich hinauf zur Spitze des ab der Halskrause abwärts dunkelnden, weiter unten zutiefst unbeleuchteten, wuchernden Eisbergs. Kollektive Unmassen, aufgeteilt in Millionen depressiver Portionen, veralten brütend in der Schubladenfülle des gesellschaftlichen Gesamtbienenkastens, senden aber im Veralten nicht einmal, wie Schillers Schubladenäpfel, einen inspirierenden Verwesungsduft aus. Lautlos träumt der Schubladeninhalt von dem bei Ovid vorkommenden Urmodell jeder Schublade, einer Schublade für Mündliches: jener Grube am Flußufer, die der Frisör des König Midas eilig, als peitsche ihn Harndrang, gräbt, um sein dürftiges Geheimnis, das er einfach weitersagen muß, einerlei wem, hineinzuplappern in diese Grube. Die dumpfe Plaudertasche, in ihrem unsäglichen Ausdrucksdrang, der sofort, nachdem die Grube zu ist, abebbt, könnte, über mindestens zweitausend Jahre hinweg, jeden Schriftsteller beschämen, der lieber gar nicht schreibt als für die Schublade. Dieser Frisör will lediglich das Geheimnis loswerden; ob jemand beim Vorgang des Loswerdens lauscht, spielt keine Rolle. Sogar gegen des Frisörs Willen wird das mündlich Eingegebene, auf unterirdischem Abstellgleis Ruhiggestellte, sozusagen aufs Band tauber Erde Gesprochene, doch noch weitergetratscht, hinausposaunt, hinausgeraschelt durch Binsen, die sofort aus der Grube hervorwachsen: in den Wind gesprochen, allerdings in mythologisch hellhörigen

Wind, hinein in aufhorchsame Welt; gleichsam doch noch publiziert; so lange verbreitet und breitgetreten, bis die wahre Behauptung der Binsen, König Midas trage Eselsohren unter seinem Turban, zur sprichwortreifen Binsenwahrheit degeneriert.

Aber ausgerechnet auf das verläßliche Nichtdichthalten solch schwatzhafter Gewächse bezieht sich der lautlose Neid heutzutage träumender Schubladenmanuskripte. Sie sind undankbar gegen ihre Schubladen, von denen sie immerhin vor den Nachteilen, die ein Platz an der Sonne mit sich brächte, dauerhaft geschützt werden. Geschützt ebenso davor, mißverstanden, wie nicht gelesen zu werden. Vor allem geschützt vor dem Stehenmüssen aller Publikationen, die das bequeme Liegendürfen abgeblitzter Manuskripte beneiden. Schubladen behüten ihren Inhalt vor der Lächerlichkeit Lobgott Piepsams, eines Mannes, der indiskret von Mann aus seinem Nichtvorhandensein gezerrt wurde, dies einzig, damit es von ihm heißen konnte: »Der milde Wind umspielte auch *seine* Nase«. Das Prinzip Schublade ermöglicht dem unverbesserlichen, wiedergeburtsbedürftigen Insassen esoterisches Einsitzen im Walfischbauch, hermetische Stündchen, die der Insasse regelmäßig verpennt. Lieber erblindet er in den spot lights der public relation, als daß er als vorübergehender Blindling im Rebirthing-Behälter in sich ginge und innere Werte pflegte. Lieber japst er nach dem Vorzeigen mißlungener Nasen und lieber danach, von vergeßlichen Kötern beschnuppert zu werden, lieber nach petzenden Binsen und unpassender Schaumwelt, als daß er das pränatale Nirwana, das ihn lagerkostenlos umfängt, genösse und nutzte. Nichts spürt der bescheuerte Schubladeninhalt von den heimlichen vibrations, die ein weitaus göttlicheres Auferstehen präludieren, als ein solches von einem chancenlosen Däumchendrehn überhaupt erhofft werden kann, nichts von den elektrischen

Funken, die sich jede metaphysisch veranlagte Schublade bei Erich von Dänikens Bundeslade abgeguckt hat, diesem geladenen Fernziel. Nicht wird Ungeduld des Leuchtens gewahr, das von der würdigen Schublade auszugehen versucht, beinahe ausgeht, so, als wäre die Schublade Merlins leuchtendes Grab und der tote Merlin das tägliche Manuskript.

Samthase, Odradek und Hydra

Der interpretierte Odradek

Der sonderbarste Bastard, den die Vorwelt bei Kafka mit der Schuld gezeugt hat, ist Odradek. [...] Er bevorzugt also die gleichen Orte wie das Gericht, welches der Schuld nachgeht. Die Böden sind der Ort der ausrangierten, vergessenen Effekten. [...] Im »Bucklichten Männlein« hat das Volkslied das Gleiche versinnbildlicht. Dies Männlein ist der Insasse des entstellten Lebens; es wird verschwinden, wenn der Messias kommt, von dem ein großer Rabbi gesagt hat, daß er nicht mit Gewalt die Welt verändern wolle, sondern nur um ein Geringes sie zurechtstellen werde.

»Geh ich in mein Kämmerlein,/ Will mein Bettlein machen;/ Steht ein bucklicht Männlein da,/ Fängt als an zu lachen.« Das ist das Lachen Odradeks, von dem es heißt: »Es klingt etwa so, wie das Rascheln in gefallenen Blättern.«

Walter Benjamin, *Franz Kafka.*
Zur zehnten Wiederkehr seines Todestages.

Die wichtigste scheint mir die des Odradek. Denn archaisch allein ist es, ihn aus »Vorwelt und Schuld« entspringen zu lassen und nicht als eben jenes Prolegomenon wiederzulesen, das Sie vorm Problem der Schrift so eindringlich fixieren. Hat er seinen Ort beim Hausvater – ist er denn nicht dessen *Sorge* und Gefahr, ist mit ihm nicht eben die Aufhebung des kreatürlichen Schuldverhältnisses vorgedeutet – ist nicht die Sorge – wahrhaft ein auf die Füße gestellter Heidegger – die Chiffer, ja das gewißeste Versprechen der *Hoffnung*, eben in der Aufhebung des Hauses? Gewiß ist Odradek als Rückseite der Dingwelt Zeichen der Entstelltheit – als solches aber eben ein Motiv des Transzendierens, nämlich der Grenzwegnahme und Versöhnung der Organischen und Unorganischen oder der Aufhebung des Todes: Odradek »überlebt«. [...] Nein, so dialektisch ist Odradek, daß von ihm wirklich auch gesagt werden kann, »so gut wie nichts hat alles gut gemacht«.

Theodor W. Adorno am 17. Dezember 1934
brieflich an Walter Benjamin.

An dieser Stelle scheint mir der entscheidende Erkenntnischarakter Kafkas, insbesondere des Odradek als der nutzlos überlebenden Ware zu liegen: in diesem Märchen mag der Surrealismus sein Ende haben wie das Trauerspiel im Hamlet.

Theodor W. Adorno am 2. August 1935
brieflich an Walter Benjamin.

Die Zone des Nichtsterbenkönnens ist zugleich das Niemandsland zwischen Mensch und Ding: in ihm begegnet sich Odradek, den Benjamin als einen Engel Kleeschen Stils betrachtete, mit Gracchus, dem bescheidenen Nachbild Nimrods.

Theodor W. Adorno, *Aufzeichnungen zu Kafka*, 1942–53.

Im Tschechischen (und allgemein Westslawischen) gibt es das Verbum »odraditi« (=jemandem etwas abraten). ... Die entsprechende Form im Deutschen für Odradek lautete dann etwa »Abrätchen« in parodistischer Analogie zu »Geheimrätchen«, »Land-, Stadt-, Staats-, Gerichts-, Schul-, Studien-, Regierungsrätchen« usw.

Wilhelm Emrich, *Franz Kafka*, 1960.

Für Max Brod klingt beim Wort Odradek eine ganze Skala slawischer Wörter an, die »Abtrünniger« bedeuten, abtrünnig vom Geschlecht, *rod*, vom Rat, vom göttlichen Schöpfungsbeschluß, *rada*. Wilhelm Emrich sieht als Anknüpfungspunkt das tschechische Verb *odraditi*, wonach durch Anhängen des Diminutivsuffixes *-ek* ein »Abrätchen« entstünde oder, nach Heinz Politzer, »Bleib mir vom Leibe! Rühr mich nicht an! Folg mir nicht! Forsch mir nicht nach!« Nach G. Backenköhler zerfällt das Wort in *rad* (Ordnung, Reglement), ein Präfix *od-* (von ... weg, ab) und ein Diminitivum *-ek*, so daß es sich mit »kleinen Wesen außerhalb der Ordnung« übersetzen ließe. Die Etymologie erlaubt also nicht, die Frage zu entscheiden, Odradek wahrt sein Geheimnis, wie Kafka vorausgesehen hatte.

Marthe Robert, *Einsam wie Franz Kafka*, 1979.

Möglicherweise spielen in Kafkas Vorstellung auch andere Wortanklänge mit hinein, etwa das tschechische Wort »radost« (Freude) bzw. das Adjektiv »rad« (gefällig: die Eigenschaft eines Menschen, der etwas

»gern« tut), vielleicht auch das deutsche Wort »Rad«, was bei der »sternartigen« Form dieser Zwirnspule Odradek naheliegt.

Wilhelm Emrich, *Franz Kafka*, 1960.

Odradek kann nicht, wie Schoeps meint, »escaped from the Law« bedeuten, sonst müßte er ›Odrodek‹ heißen, von *odroditi,* tschechisch etwa Verrat begehen, treulos werden. Aber Kafka nennt ihn Odradek – von *od-raditi,* abraten! Dieser Name ist Situations-Aussage, nicht ethische Wertung. Das eben ist Odradek: Eine Existenz, von der abzuraten wäre, keineswegs der ›Abtrünnige‹.

Baruch Benedikt Kurzweil, *Franz Kafka – jüdische Existenz ohne Glauben*, 1966.

Er ist abgerissen, alt. Ja er ist aus verschiedenartigsten Stücken aneinandergeknotet oder ineinanderverfitzt. D.h. die »verschiedensten« Teile treffen hier zusammen in einer z.T. unentwirrbaren, ineinanderverfitzten Weise, nicht anders wie auch das »Wort« Odradek verschiedene Sprachelemente mischt. Der Zwirn, der ja der Vernähung auseinandergerissener Kleiderstücke dient, ist selbst ein Zusammengestückeltes und zugleich untrennbar Ineinanderverfitztes.

Wilhelm Emrich, *Franz Kafka*, 1960.

Es ist ein Zwirnspulen-Dasein, das ad infinitum »nur abgerissene, alte aneinandergeknotete, aber auch ineinanderverfi(t)zte Zwirnstücke von verschiedenster Art und Farbe« abspult. Gesteigerte Tätigkeit, hektische Geschäftigkeit und Bewegung verstärken bloß den Eindruck des Sinn- und Ziellosen. Dies ist ein wohlbekanntes Motiv in der neuhebräischen Literatur, deren Dichter jüdisches Diaspora-Dasein mit den Augen der Außenwelt betrachten, von einem Standort, der religiösen Glaubensverlust voraussetzt.

Baruch Benedikt Kurzweil, *Franz Kafka – jüdische Existenz ohne Glauben*, 1966.

... man erfährt sogleich: »allerdings dürften es nur abgerissene, alte, aneinandergeknotete, aber auch ineinanderverfitzte Zwirnstücke von verschiedenster Art und Farbe sein.« Was hier kunterbunt zusammengestückelt in Erscheinung tritt, ist also kein zusammenhängender Faden; es stellt die christliche Theologie, mit ihren abgebrochenen und »aneinandergeknoteten«, aber auch »ineinanderverfitzten« Zwirnstücken dar, wie sie aus der Bibel, aus aristotelischen, platonischen, gnostischen, patristischen usw. Bruchfetzen zusammengeklaubt, mühselig im Laufe vieler Konzilien entstanden ist und von Reformations- und Gegenreformationsbewegungen, vom Streit der Kirchen, Häresien und Sekten allmählich zerrissen wurde, so daß von dem ursprünglichen *Leitfaden* nur noch in bunter Verwirrung nirgendwohin-führende Fragmente vorliegen, die willkürlich miteinander verknüpft zu sein scheinen.

Kurt Weinberg, *Kafkas Dichtungen*, 1963.

»Es ist aber nicht nur eine Spule, sondern aus der Mitte des Sternes kommt ein kleines Querstäbchen hervor und an dieses Stäbchen fügt sich dann im rechten Winkel noch eines. Mit Hilfe dieses letzteren Stäbchens auf der einen Seite, und einer der Ausstrahlungen des Sternes auf der anderen Seite, kann das Ganze wie auf zwei Beinen aufrecht stehen«.

Odradek also gehört nicht nur der menschlichen Dingwelt zu, sondern auch der menschlichen Gestalt. Er »kann wie auf zwei Beinen aufrecht stehen«, ja er kann laufen und zwar »außerordentlich beweglich«, und er kann sprechen und lachen, »es ist aber nur ein Lachen, wie man es ohne Lungen hervorbringen kann. Es klingt etwa so, wie das Rascheln in gefallenen Blättern«.

Wilhelm Emrich, *Franz Kafka*, 1960.

Odradek ist ein aufreizend fröhliches, irritierend glückliches Wesen, er lacht sogar; allerdings muß der Autor hinzufügen: »es ist aber nur ein Lachen, wie man es ohne Lungen hervorbringen kann.« [...] Der quirlige Odradek, ohne Leid, ohne Atem, ist lebendig tot (ein im Expressionismus häufiger Topos); von seinem Lachen kann es darum heißen: »Es klingt aber so, wie das Rascheln in gefallenen Blättern.«

Wolfgang Rothe, *Odradek oder Die Grenzen des Zeichners. Zum Problem der Kafka-Illustration*, 1972.

Auf eine literarische Bedeutung verweist schließlich auch der Vergleich, Odradeks Lachen klinge wie das »Rascheln in gefallenen Blättern«. Der Vergleich erlaubt zwei Lesarten: wie das Rascheln in gefallenen

Blättern von herbstlichen Bäumen und wie das Rascheln der Papierblätter, die vom Schreibtisch gefallen sind. Wie das Papier scheint ja auch er aus »Holz« zu sein.

Gerhard Kurz, *Traum-Schrecken. Kafkas literarische Existenzanalyse*, 1980.

Die Beschreibung Odradeks ist aber bei weitem noch nicht beendet: »Es ist aber nicht nur eine Spule, sondern aus der Mitte des Sternes kommt ein kleines Querstäbchen hervor und an dieses Stäbchen fügt sich dann im rechten Winkel noch eines.« Aus der leeren Mitte der »flachen sternartigen Zwirnspule« – aus dem durch den Verlust des ewigen Lebens »leeren« Zentrum des jüdischen Davidsterns erwächst die Gestalt des Kreuzes, wie sie von dem kleinen Querstäbchen, zusammen mit dem anderen Stäbchen, das sich ihm im rechten Winkel anfügt, gebildet wird. »Mit Hilfe dieses letzteren Stäbchens auf der einen Seite, und einer der Ausstrahlungen des Sternes auf der anderen Seite, kann das Ganze wie auf zwei Beinen aufrecht stehen.« Der Gott gewordene Mensch oder der Mensch gewordene Gott, die Messiasfigur, wird somit durch die »zwei Beine« angedeutet, die sich ihm als der Längsbalken des Kreuzes und »eine der Ausstrahlungen des Sternes« (ein dem Judentum entnommener heiliger Geist) darbieten.

Kurt Weinberg, *Kafkas Dichtungen*, 1963.

Aus diesem Abgrund des scheinbar Sinnlosen fühlt sich der Hausvater ausgekichert; denn das Kichern Odradeks scheint ja geradewegs von nirgendwoher zu kommen.

Es ist vielleicht der gleiche oder gar derselbe Skandal wie im Falle Christi. Christus sagt im Verhör aus, er sei der Sohn Gottes. Er sei eins mit Gott. Auch Odradek »sagt aus«, in einem Verhör: Er nennt seinen Namen. [...]

Was aber ist diese Entstelltheit? – Benjamin verbindet das Entstelltsein mit dem Vergessensein: »Odradek ist die Form, die die Dinge in der Vergessenheit annehmen. Sie sind entstellt. Entstellt ist die ›Sorge des Hausvaters‹, von der niemand weiß, was sie ist, entstellt das Ungeziefer, von dem wir nur allzu gut wissen, daß es den Gregor Samsa darstellt, entstellt das große Tier, halb Lamm, halb Kätzchen, für das vielleicht ›das Messer des Fleischers eine Erlösung wäre‹. Diese Figuren Kafkas aber sind durch eine lange Reihe von Gestalten verbunden mit dem Urbilde der Entstellung, dem Buckligen.«

Beim Lesen dieser Sätze stößt man sich sofort an einem vermeintlichen Widerspruch: Wie kann Benjamin von Vergessenheit sprechen, da Odradek den Hausvater mit Sorge randvoll erfüllt, ihn total besetzt, ihn geradezu zu einem Besessenen macht?

Jörg Kühne, *»Wie das Rascheln in gefallenen Blättern«*, 1972.

Übrigens sind selbst diese Antworten nicht immer zu erhalten; oft ist er lange stumm, wie das »Holz, das er zu sein scheint.« Hier erfolgt aufs Neue eine vieldeutige Anspielung einmal auf das Holz des Kreuzes, das aus dem Holz der Stämme Israel geschnitten ist; dann wiederum auf das *hölzerne* Wesen der Theologie; auch auf das ununterbrochene Schweigen dieses einstmals vielleicht zum Teil wenigstens zweckmäßigen Wesens in einer glaubenslosen Zeit.

Kurt Weinberg, *Kafkas Dichtungen*, 1963.

Auch sein »nachschleifender Zwirnfaden«, mit dem er »etwa noch« vor den Kindern und Kindeskindern die Treppe hinunterkollern wird, läßt an Jüdisches denken, an die Zitzit-Schaufäden, die getragen werden als Symbol der Unterwerfung unter die Gebote der Thora.

Gerhard Kurz, *Traum-Schrecken. Kafkas literarische Existenzanalyse*, 1980.

Auch diese menschliche Gestalt also stellt gleichsam einen Verfall und äußersten Endzustand dar. Sie lebt und »atmet« nicht mehr, spricht und lacht »ohne Lungen«. Ihre Körperteile sind starr und leblos »wie das Holz, das er zu sein scheint«.

Wilhelm Emrich, *Franz Kafka*, 1960.

Wie sollte man Odradek nicht mit Kafka oder Kavka übersetzen, einem Namen, dessen Herkunft ebenso unsicher ist und über den sich ebenfalls endlos spekulieren läßt? Alles ermutigt dazu, zumal Odradek, der im übrigen über eine elementare Sprache verfügt – er kann seinen Namen sagen, und wenn man ihn fragt, wo er wohnt, antwortet er: »Unbestimmter Wohnsitz« –, mit seinem Autor nicht nur gemeinsam hat, daß er sowohl Deutscher, Tscheche wie Jude ist, was sein auf ewig unstetes Leben erklärt; er hat auch das »Lachen ohne Lungen«, von dem sich bedroht zu fühlen Kafka bald nur allzu berechtigt sein wird.[37]

Marthe Robert, *Einsam wie Franz Kafka*, 1979.

Während seiner Gedanken über die Fragwürdigkeit der sozialen Verhältnisse, über den Frevel von »Zeit ist Geld« und über die Grausamkeit eines Gottes, der sich seinen Geschöpfen nicht zu erkennen gibt, vergegenwärtigt sich ihm beim Über-den-Weg-Huschen des Hundchens etwas vom Wesen jenes verlebendigten Abfallbündels Odradek und wird ihm zum »Zeichen«, das mehr ist als nur ein Abfallbündel oder ein Hund, zum Zeichen für etwas anderes, über das man in der Betroffenheit des Erlebens nichts weiter sagen kann, als daß es etwas Unsagbares ist.

Hemmo Müller-Suur, *Odradek – und die Wirklichkeit des Unverständlichen*, 1971.

So erinnert die Beschreibung des Wesens Odradek an gewisse surrealistische Konstruktionen wie Paul Klees *»Zwitschermaschine«* oder Alexander Calders »Stabiles«.

Zugleich aber ist Odradek ein viel zu gespenstischer Geselle, um einfach als freie Assoziation einer entfesselten Phantasie gelten zu können. Sein Name ist komisch und verhängnisvoll zugleich. Er mag sogar, wie manches andere Bild Kafkas auch, einen Charakterzug seines Schöpfers verkörpern. Die trockene Bemerkung des Hausvaters »... das Ganze erscheint zwar sinnlos, aber in seiner Art abgeschlossen«, läßt sich als Selbstkritik eines Schriftstellers lesen, der die Abgeschlossenheit künstlerischer Perfektion über alles andere setzte und sich niemals völlig zu überzeugen vermochte, sein Schaffen, das ja auch das Ding Odradek umschloß, sei sinnvoll.

Heinz Politzer, *Franz Kafka, der Künstler,* 1965.

Indem er sinnlos aus einem Niemandsland »mit nachschleifendem Zwirnfaden die Treppe« in ein anderes Niemandsland hinunterkollert, gelingt es Odradek, den besorgten Hausvater und den gleichfalls besorgten Leser von der bedrohlichen Nähe der mysteriösen Sphären zu überzeugen, aus denen er aufgetaucht ist. Odradek ist vom Geheimnis

37 *Die Sorge des Hausvaters* entstand Ende April 1917, und Kafka hatte seinen ersten Blutsturz im August desselben Jahres.

einer zweiten Wirklichkeit umwittert. Durch die Wände unserer Alltagswirklichkeit treten Boten einer anderen Witklichkeit, die nichts zu verkünden haben als ihren Namen. Kafka hat hier freilich nur ein altes Motiv des Wiener Volks- und Zaubertheaters ins Surrealistische abgewandelt: In Ferdinand Raimunds *»Diamant des Geisterkönigs«* wird der Geist eines alten Magiers von seinem Sohn Eduard beschworen, lediglich um diesem zu verkünden: »Ich bin dein Vater Zephises und habe dir nichts zu sagen als dieses!«

Heinz Politzer, *Franz Kafka, der Künstler*, 1965.

Daher wird auch Odradek mit Grund ein »wirkliches Wesen« genannt. Es steigt nicht, wie Heinz Politzer will, aus dem Überwirklichen oder der Transzendenz zu dem sorgenden Hausvater herab, um ihn wie ein tückisches oder lächerliches Gespenst zu quälen oder zu narren. Sondern es verweist gerade im Irdischen gleichnishaft auf die äußersten und entscheidenden Möglichkeiten des Menschen, nämlich auf die nur scheinbar paradoxe Vereinigung von empirisch gesehen Unvereinbarem: Einerseits scheint sein Zwirn nur aus »abgerissenen, alten, aneinander geknoteten, aber auch ineinanderverfilzten Zwirnstücken von verschiedenster Art und Farbe« zu bestehen, also aus Trümmerstükken, aus Fragmenten ohne Zusammenhang und Einheit. Andererseits aber wird entschieden gegen die daraus resultierende Auffassung polemisiert, dieses Gebilde, das zusammengestückelt zu sein scheint aus einer sternartigen Zwirnspule und zwei Querstäbchen, »hätte früher irgendeine zweckmäßige Form gehabt und jetzt sei es nur zerbrochen«. Ausdrücklich heißt es im Text: »Dies scheint aber nicht der Fall zu sein; wenigstens findet sich kein Anzeichen dafür; nirgends sind Ansätze oder Bruchstellen zu sehen, die auf etwas Derartiges hinweisen würden; das Ganze erscheint zwar sinnlos, aber in seiner Art abgeschlossen.« [...]

Eine entscheidende Frage muß aber noch zum Schluß erörtert werden. Warum nannte Kafka das Stück nicht Odradek, sondern »Die Sorge des Hausvaters«? Auch hier muß ich mich leider sehr kurz fassen. Zur Beantwortung der Frage müßte zunächst einmal die Bedeutung, die das Wort »Haus« bei Kafka hat, untersucht werden. Es würde sich dann zeigen, daß Kafka damit zumeist einen sehr umfassenden Komplex bezeichnet. [...]

Wilhelm Emrich, Referat auf der Berliner Kafka-Konferenz, 1966.

Abb. 11 »Die Zwitschermaschine«. Ölfarbezeichnung, aquarelliert, von Paul Klee, 1922

Immerhin verrät Odradek seinen Namen und dieser ihn. Hätte der Hausvater Professor Emrichs Neugierde und Scharfsinn besessen, er hätte die verschwiegene und doch unmißverständliche Warnung hören können: »Bleib mir vom Leibe! Rühr mich nicht an! Folg mir nicht nach! Forsch mir nicht nach!«

Heinz Politzer, *Franz Kafka, der Künstler*, 1965.

Wenn der Vater, in dessen Haus er sich aufhält, ihn schon wie ein Kind behandelt, so ist er doch eher etwas Zusammengebasteltes, ein »Sorgenkind« besonderer Art, das es nicht einmal recht zum lebenden Wesen gebracht hat: die Einheitlichkeit, die Zweckdienlichkeit und die Zielgerichtetheit eines Lebewesens läßt er zur Besorgnis des Hausvaters vermissen. Odradek erscheint also gewissermaßen als Karikatur eines mißratenen Familienmitglieds. [...]

An dieser Stelle eine kurze Zusammenfassung. Das Beispiel des ungefähr gleichzeitig verfaßten Prosastücks *Elf Söhne* legt es uns nahe, den Hausvater in dieser Geschichte als literarischen Erzeuger zu verstehen, und Odradek – dessen »Sorge« – als literarisches Erzeugnis. Und da finden wir auch, daß die Beschreibung des Odradek auf eine bestimmte Erzählung, die *Gracchus*-Erzählung (deren Veröffentlichung Kafka aber gar nicht beabsichtigte) sehr genau paßt. Somit hätten wir in der *Sorge des Hausvaters* ein hermetisches Werk, das sich heimlich auf einen privaten Gegenstand bezieht. [...]

Diese Parallele ist schon früh bemerkt worden: »wie Odradek«, schrieb Herbert Tauber, »treibt sich der Jäger Gracchus schicksallos am Rande des Lebens fort.« Wenn der Jäger seine merkwürdige Randexistenz zu erklären sucht, greift er zum Bild der *Treppe*. [...]

Jetzt erst kann ich die erste Stufe einer Interpretation der *Sorge des Hausvaters* zur Diskussion vorlegen. Odradek ist durchaus eine Chiffre für Franz Kafka selbst. Kafka versucht in dieser Geschichte, die Problematik seiner eigenen Existenz von einem neuen Standpunkt zu beleuchten, nämlich aus einer Vaterperspektive.

Malcolm Pasley, Referat auf der Berliner Kafka-Konferenz, 1966.

Identifiziert man das poetische Gleichniswesen Odradek mit Kafkas eigener dichterischer Existenz, was nicht völlig abwegig ist, so könnte man natürlich im Hausvater Kafkas eigenen Vater erkennen wollen, der mit Sorge dieser sonderbaren Existenz seines Sohnes zuschaut.

Wilhelm Emrich, Referat auf der Berliner Kafka-Konferenz, 1966.

In Odradek wird also in der Tat eine äußerste Möglichkeit des Kafkaschen Weltbildes ansichtig. Es gibt ein universell Abgeschlossenes, ein Unsterbliches mitten im Sterblichen. Es ist Ding und zugleich Nicht-Ding, Mensch und zugleich Nicht-Mensch. Es redet und entzieht sich aller deutenden Rede. Es ist pures Ding und doch allen Dingen und Dingordnungen entrückt. Universell überspannt es die Trennung zwischen Geist und Stoff, Denken und Dasein, ist beides in einem. Aber nur durch die Grenzüberschreitung beider, durch Überschreitung der Sphäre des Geistes und durch Überschreitung der Sphäre des Stoffes wird es existent und »wirklich«. Indem es beide Sphären verläßt, wird es abgeschlossenes Ganzes. Es kann daher nicht mehr gedeutet werden als Repräsentant des einen fürs andere. Sein Dingliches ist nicht mehr Symbol für ein sinnbestimmt Geistiges. Und seine Rede ist nicht mehr Deutung des Dinglichen, Bestimmung der Gesetze und Zusammenhänge des Daseins.

Wilhelm Emrich, *Franz Kafka*, 1960.

Und was hat sich nicht um Odradek für ein Nebel gelagert! So etwa Max Bense: »Ding meint äußerste seinsmäßige Selbstständigkeit und Unbezogenheit. Dinge gibt es in der klassischen Ontologie, ... aber nicht in der Phänomenologie, nicht im System eines tranzendentalen Ego, nicht in der Fundamentalontologie. Was hier einen Sinn gewinnt, ist Zeug, so wie Nähzeug, Werkzeug u. a. Zeug ist. Offenbar wird Odradek als Ding geschildert...« Oder Wilhelm Emrich: »Es ist pures Ding und doch allen Dingen und Dingordnungen entrückt. Universell überspannt es die Trennung zwischen Geist und Stoff, Denken und Dasein, ist beides in einem. Aber nur durch die Grenzüberschreitung beider, durch Überschreitung der Sphäre des Geistes und durch Überschreitung der Sphäre des Stoffes wird es existent und wirklich...« Armer Odradek.

Malcolm Pasley, *Drei literarische Mystifikationen Kafkas*, 1966.

Der erste, freilich nur fiktive Deuter Odradeks, der Hausvater selbst, hat inzwischen eine Reihe von Nachfolgern gefunden, die das rätselhafte Wesen auf sehr verschiedene Weise erklärt haben. Bald erscheint es als »entfremdetes Zeug«, als zwecklos gewordenes Werkzeug[1]; bald erinnert es an Maschinen, die zwar einen Zweck haben, doch ist er in einer unüberschaubar gewordenen Welt schwer faßbar, so daß die Menschen nur »entfremdete Beziehungen« zu ihnen haben.[2] Bald glaubt man Odradek mit der Marxschen Definition der Ware dingfest machen zu können[3], dann entzieht er sich wieder als universelles Sein, das »die Trennung zwischen Geist und Stoff, Denken und Dasein überspannt, beides in einem ist«[4], jedem festen Zugriff. Bald hält man ihn für ein Abbild der labyrinthischen diesseitigen Welt[5], bald für den Boten einer jenseitigen Welt[6], bald für die Parodie des Geschicks religiöser Botschaften auf dieser Erde.[7] Bisweilen bezeichnet man ihn als Chiffre Kafkas[8], dann als solche eines bestimmten Werkes von Kafka[9], schließlich als solche des erst zu schreibenden Werkes.[10]

Heinz Hillmann, *Das Sorgenkind Odradek*, 1967.

1 Max Bense: Die Theorie Kafkas. Köln, Berlin 1952. S. 65 (im Folgenden: Bense).
2 Günther Anders: Kafka. Pro und Kontra. München 1951. S. 12 (im Folgenden: Anders).
3 Bense S. 66f. – Manche Autoren schlagen, wie Bense, zwei oder mehrere verschiedene Bedeutungen vor, ohne sie miteinander in Verbindung zu bringen.
4 Wilhelm Emrich: Franz Kafka. Bonn 1958. S. 95 (im Folgenden: Emrich I).
5 Hermann Pongs: Franz Kafka. Dichter des Labyrinths. Heidelberg 1960. S. 62 (im Folgenden: Pongs).
6 Heinz Politzer: Franz Kafka, der Künstler. Frankfurt 1965. S. 154 (im Folgenden: Politzer) – Politzer denkt auch an Karikierung von Maschinen (S. 153f.), sowie verkappte Selbstdarstellung Kafkas (S. 154).
7 Kurt Weinberg: Kafkas Dichtungen. Die Travestien des Mythos. Bern und München 1963. S. 118–122 (im Folgenden: Weinberg).
8 Malcolm Pasley: Drei literarische Mystifikationen Kafkas. In: Kafka-Symposion. Berlin 1965. S. 28 (im Folgenden: Pasley I) – ders.: Die Sorge des Hausvaters. In: Akzente 13 (1966) H 4, S. 307f. (im Folgenden: Pasley II.) – Vergl. auch: Wilhelm Emrich: Die Sorge des Hausvaters. In: Akzente 13 (1966) H 4, S. 300 (im Folgenden: Emrich II).
9 Pasley I S. 26–31. Pasley II S. 305ff.
10 Walter Höllerer: Das verfitzte Ding Odradek. Die Berliner Kafka-Konferenz eröffnet neue Perspektiven. In: Die Zeit. 11. März 1966. Nr. 11. S. 24 (im Folgenden: Höllerer).

Ob man Odradek schwer nimmt (als Sorge des himmlischen Hausvaters wie H. J. SCHOEPS, 1948) oder leicht (als das undurchschaute Vordergründige wie J. KÜHNE, 1975, S. 5–87), ob man wie W. EMRICH (1966, S. 295–303) und R. PIERRE (1976, S. 39–57) die *Sorge des Hausvaters* als Paradigma der ganzen Kafkaschen Existenz begreift oder, wie M. PASLEY (1965, 1966 und 1977), in dem Stück zugleich einen mystifikatorischen, halb privaten Scherz erblickt – in jedem Fall sucht der Text jenen kritischen Punkt zu bestimmen, in dem Sprache als Instrument selbst-beschädigender Gewalt in Sprache als emanzipatorisches Spiel umschlägt: Chiffrierung als Utopie der Freiheit, als der sich selbst erzeugende, autonome Text.

Kafka-Handbuch in zwei Bänden, 1979.

Da beschreibt er z. B. ein Objekt »Od‹d›radek«, dessen Funktion gerade darin zu bestehen scheint, daß es keine Funktion hat. Aber die Einführung dieses »sinnlosen« und scheinbar sinnlos benannten Objektes ist so wenig sinnlos wie die der »falsch« etikettierten. Der Gegenstand erinnert uns an alle Arten von Objekten und Maschinen, mit denen der moderne Mensch tagein, tagaus zu hantieren hat, obwohl ihre Leistungen direkt mit den *Bedürfnissen* des Menschen nichts zu tun zu haben scheinen.

Günther Anders, *Kafka Pro und Kontra*, 1972.

Nichts darf an das Nichts erinnern, das rundum und ewig wartet. Doch so folgerichtig das Gespinst der Sinnstiftung gezogen ist, immer bilden sich Laufmaschen im System, wo das Unsinnige hereinkollert: Odradek! Er ist ein unliebsamer Bote der Nacht, ewig wie diese, weil er sich nicht abnutzt durch nützliche Tätigkeit, die sein Dasein vor dem Hausvater rechtfertigte. Über Odradek stolpert der ichsüchtige Zwang, welcher die Unendlichkeit der Welt in einen praktischen Futtersack umschneidern will.

Beat Wyß, *Trauer der Vollendung. Von der Ästhetik des Deutschen Idealismus zur Kulturkritik an der Moderne*, 1985.

Und hört man genau hin, so vernimmt man vielleicht ganz in der Nähe von Odradeks Lachen, aus dem die »Stimme der Vergessenheit« wie ein »Rascheln in gefallenen Blättern« spricht[80], den Gesang des Vogels, die Stimme der Erinnerung in Ludwigs Tiecks »Blondem Eckbert«, jenem »Genius loci« des Déjà vu, den man durchaus als ein frühes Vorbild von Kafkas Dichtung begreifen kann, deren verborgenes Ziel nach einer Bemerkung Adornos die »Verfügbarkeit, Technifizierung, Kollektivierung des déjà vu« überhaupt darstellt[81]. Der traurige Solipsismus des Tieckschen Märchens wäre dann auch so etwas wie ein geheimes Modell für Adornos schöne Wendung von Kafka als einem »Solipsist ohne ipse«[82].

Wolfgang Hofer, *Adorno und Kafka, Anmerkungen zu einer Konstellation*, 1984.

Doch was immer es mit diesem Testament und den Hintergedanken, die die Wahl des Vollstreckers zumindest erahnen läßt, auf sich haben mag, bis zum Ende fährt Kafka fort, den Faden seiner unvergleichlichen Geschichten auf den Stern Odradek aufzuspulen, er schreibt trotz allem weiter, und am Tag vor seinem Tod, am 2. Juni 1924, korrigiert er noch eigenhändig die Druckfahnen seiner letzten Erzählungen.

Marthe Robert, *Einsam wie Franz Kafka*, 1979.

... oder die Ansicht »Ich habe keine Seele« wird ihm zur festen Überzeugung, oder die Ansicht »Beseelt ahn' ich Beseelung« wird ihm zur festen Überzeugung, oder die Ansicht, »Beseelt ahn' ich Entseelung« wird ihm zur festen Überzeugung, oder die Ansicht »Entseelt ahn' ich Beseelung« wird ihm zur festen Überzeugung ...

Aus den Reden des Gotamo Buddino,
mittlere Sammlung.

Die bodenlose Zeile. Der Titel *BUNTE PERLEN, Kindergeschichten aus aller Welt,* segelte überaus diesseits der Dimensionen von *Das Glasperlenspiel. BUNTE PERLEN* erschien 1956 in der Reihe MEIN BÜCHERSCHATZ. *Die illustrierte Jugendbibliothek* und war pädagogisch, zumal es Geschichten von Stifter und Hesse enthielt, sicherlich sehr empfehlenswert. Unterschiedlich große Gruppen von Einzelgeschichten trugen nicht nur ihre Einzeltitel, sondern, über diese hinaus, rotgedruckte Obertitel, etwa: *Wir hüpfen und springen.* Oder: *Wir lachen und singen.* Oder: *Was mit uns lebt.* Oder: *Was unter uns kriecht.*Oder: *Was über uns fliegt.* Oder: *Wie schön ist die Welt.* Oder: *Was um uns geschieht.* Oder: *Wunder über Wunder.* Oder: *Das Tier und du.* Oder: *Ein Kind wie du.* Zwei der Kindergeschichten aus aller Welt, nämlich *Der Samthase* von Margery Williams Bianco und *Das Leben im Warenhaus* von Lisa Tetzner, erhielten den gemeinsamen Obertitel: *Auch sie möchten leben.* Diese bodenlose Zeile ließ alles Springen und Singen hinter sich. Sie ließ nicht nur den Science-fiction-Titel von James Blish *Auch sie sind Menschen* hinter sich. Sie ließ sogar Goethes *Auch ich in Arkadien* hinter sich. Spielend stieg sie mindestens hinauf in die Region von Schillers »Und was nie empfinden wird, empfand«. Umschlossen vom Kinderzimmerschrank, umschlossen vom Raum des Buches, tritt brauner Samt, in Hasenform, am Weihnachtsmorgen, mit Stechpalmenzweiglein zwischen den Pfoten, »wirklich reizend« aussehend, diesseits jeder Lernfähigkeit, als unerfahrener Samthase surrenden Objekten gegenüber Spielsachen, denen Stifte heraussstehen. Diese Spielsachen tun sich vor dem Samthasen dicke, sie lügen ihm die Hucke voll, sie tun nämlich so, als empfänden sie. Die Regenschirme, Zigaretten, Handschuhe, Nylonbürsten, Bücher, Papierwaren, nebenan im nächtlichen Kaufhof Lisa Tetzners – »besonders die Strümpfe wollen ständig spazierengehen« –, sehnen sich bloß nach dem Verkauftwerden, machen ein Mysterium draus, flüstern deswegen geheimnisvoll, fragen sich gegenseitig: »Wieviel kostest du?« Dagegen sehnen sich die Spielsachen bei Margery Williams Bianco nach dem Echtwerden. Und setzen dem Samthasen einen diesbezüglichen Floh ins Ohr – die Sehnsucht eben nach Echtwerden. Ab nun sperrt auch er die matten, eingesetzten Glaskugeln in Richtung mit Lichtreflex versehener Augen auf. Bisher hatte er die Existenz eigener Empfindungen nicht vermißt. Das Auslösen von Empfindungen beim Knaben, dem er zu Weihnachten geschenkt ward, hatte ihm vollauf genügt. »Auch sie möchten leben«: auch sie, diese Zeile (tschech.: řádek), möchte leben. Sie vibriert zumindest.

Das Geheimnis des alten Pferdes. Die Ohren des Samthasen waren mit rosa Leder gefüttert. »Das mit einem Fell überzogene Pferd war das einzige Wesen, das freundlich zu ihm war.« »Es war schon so alt, daß große Flächen seines braunen Felles kahl waren und die Nähte am Bauch deutlich sichtbar wurden. Beinahe alle Haare seines Schweifes waren ausgezupft, denn man hatte sie zum Aufreihen von Glasperlen verwendet.« Die Pilatusfrage des Samthasen lautete: »Was ist echt?« Das alte Pferd wußte, wie man echt *wird*: durch die Liebe eines Kindes. Der Samthase bangte, daß das Echtwerden wehtun könne. Er bedachte nicht, daß sich frühestens bei längst echt gewordenen Wesen so etwas wie Schmerzen einstellen können. Die Ursuppe oder ihre Vorstufe, ein Dreiviertelstündchen vor Beginn der Phylogenese, mag sich mit ähnlichen Problemen herumgeschlagen haben. Falls die Ursuppe nicht gewahr wurde: Ich lebe!, muß sie, ganz kurz bevor die Schwelle vom Unorganischen zum scheinbar Lebendigen überschritten wurde, den angeblichen Wunsch des Samthasen »Auch ich möchte leben« geteilt haben, abgewandelt haben: »Ich möchte leben.« Wer leben möchte, aber entweder die nötigen Aminosäuren noch nicht beisammen hat oder zwar die ungefähre Form eines lebendigen Wesens mit sich führt, nicht aber die Ursachen der Form, überbietet an Würde jedes Lebendige: Der Samthase möchte leben; Lebendiges möchte bloß weiterleben. Schier weiß Lebendiges, vor lauter Weiterleben, vom Leben weniger als das Spielzeug, das die Liebkosungen des Knaben auf Dauer nicht überleben wird. Eines Tages würden die Augen herausfallen, kündigt das alte Pferd an, die Glieder wacklig und schäbig werden. Als es zu einer Begegnung zwischen dem Samthasen und empirischen Feldhasen kommt, einer Begegnung, die sich auf der Höhe des Kampfes zwischen gemaltem Greifen und echtem Adler bewegt, siehe *Faust II*, vermissen die Feldhasen am Samthasen, ver-

Abb. 12 Zeichnung von Marianne Scheel, 1956

Abb. 13 Zeichnung von Marianne Scheel, 1956

ständlicherweise, sowohl Gehoppel als auch die hierzu nötigen Hinterläufe. Aber mit noch größerem Recht vermißt der Samthase an den Feldhasen Nähte sowie das Gewinde zum Aufziehen – derweilen Kafkas Hausvater bei Odradek nach Ansätzen und Bruchstellen fahndet.

Abb. 14 Federlithographie von Max Slevogt, 1925, zu den Versen »Greif ist ein fabelhaftes Tier;/ Wie kann er sich so weit vergessen,/ Mit echtem Adler sich zu messen!« aus dem vierten Akt von Goethes *Faust II*

Descartes, mit den Augen der Manufakturperiode, hat Tiere als Maschinen bezeichnet; Schelling, mit den Augen der romantischen Antimechanik, deduzierte selbst Steine als Derivat eines ursprünglichen Lebensprozesses.

Ernst Bloch, *Das Materialismusproblem, seine Geschichte und Substanz.*

Zur Anatomie Odradeks. Odradek, anders als alle, von denen gesagt werden kann *Auch sie möchten leben*, möchte nicht leben. Vielleicht nicht einmal weiterleben, nicht einmal überleben. Gleichwohl ist er der einzig Überlebende. Nie schneidet eine Parze seinen Faden durch; nie müssen Odradeks Verlängerungsfäden in eine Steckdose gesteckt werden. Odradek überlistet Alterungsprozesse, indem er, ohne geliebt worden zu sein, so benutzt aussieht wie ein geliebter Samthase. Odradek umgeht den Tod, indem er, prophylaktisch, von vornherein auf das Tragen üblicher Lebenskennzeichen weitgehend verzichtet. Zunächst wird er aufgestellt als Teilnehmer eines Stillebens nicht gleichfalls ins Licht gedrehter Einrichtungsstücke; aufgestellt als Erinnerungsphotographie. Sein Querstäbchen, zusammen mit dem Längsstäbchen, wird zur steifen Lasche zwischen Standfläche und schräggestelltem, kleinen Bild – kleines Bild heißt auf tschechisch Obrázek. »Von diesem zweiten mittleren Ring gehen nun nach auswärts zwei Querstege, welche mit einem Kranze versehen sind, in welchem ein Gewindegang eingeschnitten ist. Dieser Gewindegang greift in den Gewindegang des dritten äußersten Ringes des eigentlichen Schutzringes ein.« Diese Stelle findet sich in Kafkas amtlichen Schriften. Odradeks Querstäbchen und Längsstäbchen erscheinen hier als doppelter Quersteg. Abstehende Stäbchen lagen damals, 1917, als Odradek das ungünstige Licht von Kafkas Welt erblickte, sichtlich in den verschiedensten Lüften. Denn schon 1919 entstand ganz anderswo, nämlich bei Rilke, eine Passage, in der das Stäbchen zur Borste wird: »Ein Stück biegsamerer Pappe, zu einem Trichter zusammengebogen, dessen engere runde Öffnung man sofort mit einem Stück undurchlässigen Papiers, von jener Art, wie man es zum Verschlusse der Gläser eingekochten Obstes zu verwenden pflegt, verklebte, auf diese Weise eine schwingende Membran improvisierend, in deren Mitte, mit dem nächsten Griff, eine Borste aus einer stärkeren Kleiderbürste, senkrecht abstehend, eingesteckt wurde.« In jedem Fall greift häuslicher Basteldrang auf geradezu beliebige Haushaltsgegenstände zurück. Daß nun aber die provisorisch aneinandergestückten Teile in irgendeine Bewegung kämen, wird von Odradeks simpler Anatomie eigentlich nicht zugelassen. Das Querstäbchen und das dazugehörige Stäbchen dienen dem Stehen. Zum Springen wäre mindestens eine Sprungfeder, zum Wandeln ein Minimum an entsprechendem Mechanismus erforderlich. Ohne daß die Existenz eines solchen Mechanismus, im Zug der sachlichen Beschreibung, angedeutet worden wäre, ist unvermittelt von außerordentlicher Beweglichkeit die Rede; das Fossil geht in Physiologie über. Als hätte ein angehaltenes Maschinlein bloß auf den Startschuß gewartet, schnellt Odradek hoch. Das Tote stellt sich, im Gegensatz zur Stabschrecke, lebendig. Es mußte nicht aufgezogen werden. »Und er bewegt

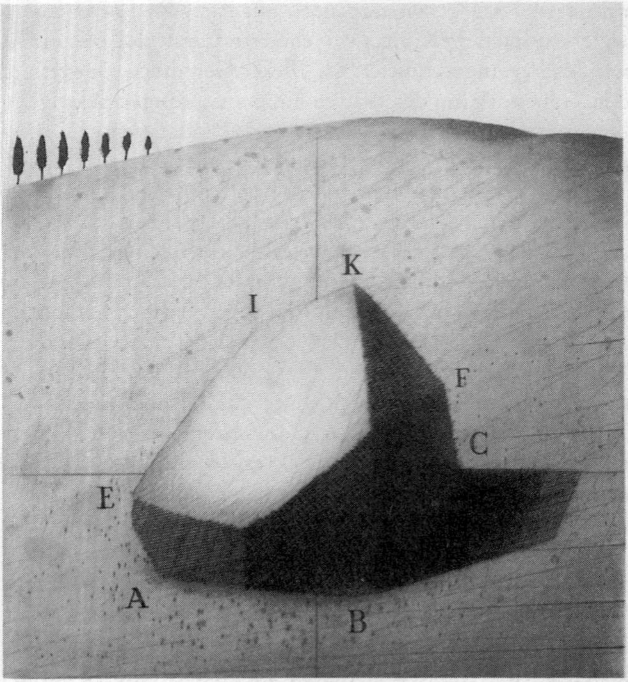

Abb. 15 »Odradek«.
Radierung von Friedrich Meckseper, 1971

sich doch!« kann sowohl vom Samthasen wie von Odradek gesagt werden. Beide bewegen sich ohne glaubwürdigen Bewegungsapparat. Vom Samthasen nämlich heißt es: »Sein ganzes Hinterteil war in einem einzigen Stück verarbeitet worden, grad wie man ein Stecknadelkissen macht.«

Eher in diesem als in Kafkas Sinne erscheint Odradek bei Friedrich Meckseper als ein einziger unteilbarer Klumpen.

Abb. 16 Zeichnung von Max Ernst, 1937

Da er nie entstand und deshalb nicht wert ist, zugrunde zu gehen, verlieh ihm der Künstler ein haltbareres Material als das, aus dem die Zwirnspulen sind. Als Mahnmal seiner selbst liegt Odradek auf passender, reduzierter Freilichtunterlage, starrer als eine Stabschrecke; unlebendig wie die Mineralmasse, aus der er hiererorts zu sein scheint; unbeseelter als Schellings Stein; ein Meteor, der Ding an sich sein möchte. Haus, Hausvater, dazu seine eigenen Attribute sind, weil sie vergänglich waren, verschwunden; keine Stäbchenkonstruktion muß ihn fürderhin am Umfallen hindern. Platt liegt er da, breit; abfahrbereit in leere Dauer oder für immer angekommen in ebendieser Dauer. Nichts ist geblieben als eine Erinnerung an seine fünf Zacken. Odradeks Anatomie wurde Architektur, die Pappeln taugen nicht als Größenmaßstab; möglicherweise ist das Pentagon so groß wie ein Berg. Die Buchstaben, die irgendwann an ihn herangetreten sind, um ihn zu vermessen, haben sich seit langem nicht vom Fleck gerührt. Sie gehören längst zu ihm. Sie haben vergessen, daß sie einstens Anfangsbuchstaben vortäuschten. Sie bestätigen ununterbrochen das Gleichmaß von Odradeks stillgelegtem Sosein.

Die Echtwerdung des Samthasen. Mit Hilfe von Odradek erhält der Samthase Gelegenheit, nachträglich mündig und ganz ungeeignet zu werden für das Happy end, das Magery Williams Bianco für ihn bereithält. Eine Fee verwandelt den von der jahrelangen Liebe eines Kindes verbrauchten, von Scharlachbazillen infizierten und in einen Müllsack gesteckten Samthasen in einen echten Hasen, als hätte die Liebe des Knaben, der ihn immer mit ins Bett genommen hatte, nicht genügt, ihn echt werden zu lassen. So wurde die Symbolik der Hinterbeinlosigkeit, die Wahrheit des rosa gewesenen Leders, rosa wie die Wunde, die der Landarzt zu heilen hat, die Dimension des Zwirns, aus dem der Schnurrbart bestand, eingeebnet zum Verlegenheitsmärchen exakt in dem Augenblick, in welchem die unnötige Fee den unerträglichen Erwachsenenstandpunkt der Autorin nach außen stülpt und die Bauchnaht dieser Kindergeschichte deutlich sichtbar wird. »›In den Augen des Knaben warst du echt‹, sagte die Fee, ›weil er dich sehr liebte, doch von nun an bist du echt für alle.‹« Der Knabe wußte es besser als Autorin und Fee zusammengenommen; diese huldigten der irrigen Meinung, daß Natur besser sei als die Sehnsucht nach Natur, und halsten dem Samthasen die Zumutung auf, Hase unter Hasen sein zu müssen, statt Unikum an der Wange des Knaben oder im Zwiegesang mit einem weisen Pferd. In seiner letzten Lebensminute produziert er die erste Träne seines Daseins, den Nährboden für die Fee, die den längst Erlösten ins Exil der

Abb. 17 Zeichnung von Marianne Scheel, 1956

Tränenlosigkeit schickt. Sehr anders war offenbar die Echtwerdung des weisen Pferdes verlaufen. Keine Fee hatte das weise Pferd abgeholt – obwohl die Fee jedes abgeschabte Spielzeug abholt und verwandelt. Schon der Onkel des Knaben, laut einer Andeutung des Pferdes, habe es einstens echtgemacht: solches Echtmachen, laut Fee, bleibt aber in bloßer Subjektivität befangen; Weisheit aber, auch die eines alten Pferdes, dürfte nicht auf der Illusion, völlig echt zu sein, aufbauen. Um in der Geschichte, die von versehentlichen Paradoxen strotzt, die Funktion eines Mentors für den Samthasen ausüben zu können, verblieb – zuungunsten eines sprachlos wiehernden, aber lebendigen Pferdes – die auskunfterteilende, lächelnde Pferdeattrappe, zeit ihres Todes, im muffigen Spielzeugschrank.

Märchenfigur Odradek mit Gesicht und Blick. Ohne einen Schuß Vermenschlichung kommt weder Tierliebe noch Kindheit zustande, kein einziges Märchen. Ohne vermenschlichenden Blick hätte selbst Odradek es schwer,

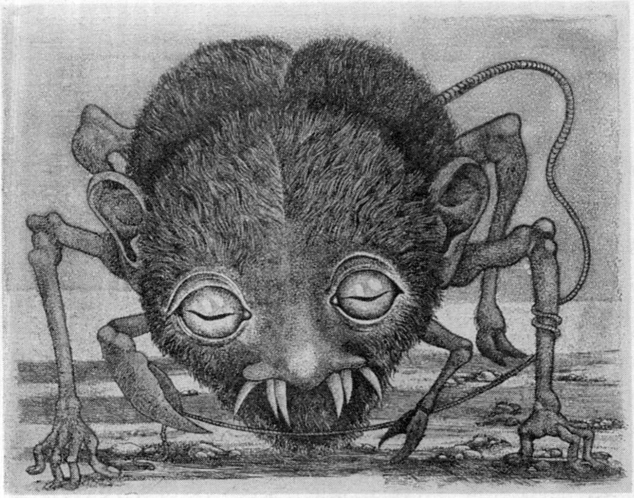

Abb. 18 »Odradek vor Wien«. Farbige Radierung von Kurt Regschek, 1971

Odradek zu bleiben. Seine Version der Zweibeinigkeit würde sich zu einem wesenlosen Gefüge aus Stäbchen vergleichgültigen, schon das bloße Wort Stäbchen webt ein Märchen um ihn. Immerhin erhielt er weder Gesicht noch Augen. An dieser entscheidenden Stelle setzte die Vermenschlichung, die ihm von seiten Kafkas gegönnt wurde, aus. Indem mehrere Künstler, von Max Ernst bis Ernst Fuchs, Odradek das Tragen von Gesicht und Augen zumuten, bewegen sie sich, bei aller Progressivität von Strichtechnik und überhaupt künstlerischer Auffassung, im Gravitationsfeld des Samthasen – so wenig das Ernst und Fuchs freuen wird. Ihr vermenschlichender Blick verleiht Odradek seinerseits einen Blick, zuallermindest den Ansatz zu einem Blick. Bei Ernst Fuchs, auf Seite 136, stehen geschlossene Augen für einen

Abb. 19 »Odradek aus Prag«. Radierung von Michael Coudenhove-Kalergi, 1971

versunkenen, vielleicht gar erneut zu erwartenden Blick. Indem selbst die leeren Kügelchen, die bei Max Ernst hingeworfen wurden, wesentlich blickkräftiger sind als bloße Sternzacken und Stäbchen; indem diese Kügelchen des weiteren über ein gleichfalls textuntreues Köpfchen hinauskugeln, erhält dieser Odradek ein Froschkönighaftes.

Abb. 20 »Das Augenbeintier«. Tuschfederzeichnung von Paul Klee, 1922

Immerhin beugt der pupillenlose Blick der Kügelchen, zusammen mit der entmenschlichten Mundöffnung, dem totalen Märchen vor. Die Mundöffnung zeigt sich sinnig als Öhr, das Fäden abspult, sich ringelnde Striche, sich in den Ecken verdichtenden Zwirnsalat. Aus dem Zwirn von Strichen formt jeder Zeichner seine Bildwelt, jeder Schreibende seine Schrift; daß hier allerdings Odradek förmlich eine

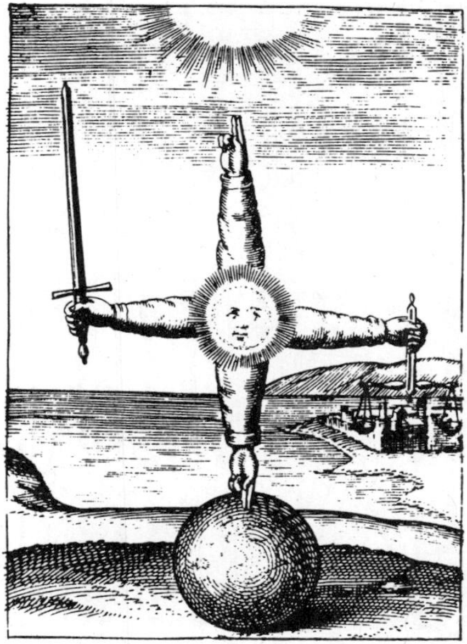

Abb. 21 Holzschnitt von 1608

Spinndrüse einsetzt, ein körpereigenes Schreibgerät, um die Überschrift der für eine französische Zeitschrift übersetzten Erzählung *Die Sorge des Hausvaters,* mit Bild versehen von Max Ernst, in die Luft zu fädeln, schlägt der programmatischen Unentzifferbarkeit des Odradekschen Wesens ins Nichtgesicht. An diesem Punkt bekommt das ganze Bild, kaum aufhaltbar, Schlagseite in Richtung Vergnüglichkeit. Der Jokus wird zur Selbstreklame. Über den verheißungsvollen Lettern fehlt lediglich das *Franz Kafka presents*: und unter ihnen der Untertitel: *Die Rätselfigur der Moderne*.

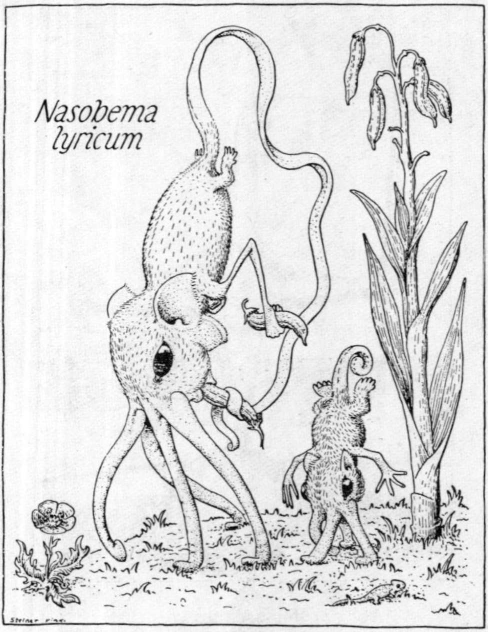

Abb. 22 »Nasobema lyricum«. Zeichnung von Gerolf Steiner, 1957

> Mit der Türe spricht er als wie mit einem Menschen; doch die Türe aus dem Forst ist unvernünftig, Verständigkeit ist bei ihr nicht vorhanden!
>
> *Gilgamesch*-Epos, siebente Tafel, um 1200 v. Chr.

Odradeks xerotische Verwandtschaft. Odradeks Ahnenkette besteht aus einer vielköpfigen Gesellschaft, deren Vertreter nicht in jedem Fall mit einem Kopf überhaupt versehen sind: hierher gehören alle toten Dinge, die vom

Abb. 23 »Rumpelstilzchen«. Federzeichnung von Josef Hegenbarth, 1962

Menschen angeredet werden, einerlei, ob geantwortet wird oder nicht, von Gilgameschs Tür bis hin zum Spieglein an der Wand: alle Wesenheiten, die einen irregulären Körperschwerpunkt tragen, vom spätantiken Bauchgesicht und

Abb. 24 »Strohhalm, Kohle und Bohne«. Zeichnung von Curt Liebich, 1925

vom altchinesischen Einbein bis hinauf zum absoluten Zeitgenossen Odradeks, dem Augenbeintier Paul Klees; alles, was sich absurd vorwärtsbewegt, vom indischen Sciapoden bis zum Nasobem aus der Säugetierordnung der Rhinogradentia, bis zu Prinz Kokosnuß aus dem vietnamesischen Märchenbuch *Als die Fische die Sterne schluckten*, ein rumpflos, extremitätenlos vorwärtsrollender Kopf; alles,

Abb. 25 »Strohhalm, Kohle und Bohne«. Zeichnung von Rie Cramer, 1930

Abb. 26 Bleistiftzeichnung von Peter Frese, 1987

was extrem kleinformatig ausfiel, vom Daktylus bis zu Walt Disneys Jimminy Cricket; alles, was stumm oder sich einmischend ab und zu auftaucht oder dabeisteht, Rumpelstilzchen oder Buckliges Männlein. Hegenbarths Rumpelstilzchen, während es sich zerreißt, wird äußerst odradek: das in den Boden gestampfte Bein zum Doppelstäbchen, die verwinkelten Gliedmaßen, zusammen mit der Einreiß-

Abb. 27 »Strohhalm, Kohle und Bohne«. Zweifarbige Illustration von Karl Mühlmeister, 1941

stelle, zu einem Gebilde von etwa fünf Sternzacken. Vom Material her gesehen, ist Odradek mit Figuren, die aus hartem Material bestehen, vom hölzernen Bengele bis zum Roboter, am verwandtesten: noch verwandter mit dem Strohhalm aus *Strohhalm, Kohle und Bohne*, einem Hausmärchen, worin Zwirn und Naht eine Rolle spielen. Gleichwie Odradek zwischen den Füßen des Hausvaters herumkollert, wuseln Strohhalm, Kohle und Bohne zwischen den Füßen der armen, alten Frau herum, die gerade Bohnen kocht. Das Rascheln Odradeks wird sich nicht anders anhören als das Rascheln des Strohhalms, Odradeks Lungenlosigkeit keine andere sein als des Strohhalms Lungenlosigkeit. Solche und andere Eigenschaften teilt Odradek nicht bloß mit Figuren, die aus unkontrolliertem Reisebericht, der Leier des Dichters oder einem Alptraum stiegen, sondern zugleich mit reellen Naturwesen. Goethes Wandelnder Glocke ähnelt Odradek sogar weitaus weniger als Grzimeks Wandelndem Blatt, einer Gespenstschrecke, deren Blatt scheinbare Beschädigungen, Moderflecken, Fraßspuren, Minengänge zeigt, die in genauer Entsprechung zu den alten, verknoteten Zwirnsfäden Odradeks stehen. Diese Fäden hängen herunter wie die Fetzen und Fortsätze eines Fetzenfisches. Am Körper Odradeks sind Ansätze und Bruchstellen so wenig zu entdecken wie am Wandelnden Blatt tatsächlich Fraßspuren. Odradeks Kleinsein und Sich-nicht-fangen-Lassen verleiht ihm ohnedies ein Insektenhaftes. Seinen xerotischen Habitus teilt er vor allem mit der Stabschrecke, einem Insekt, das von jeder Seite aussieht wie Odradek von jener Seite, von welcher aus er von Peter Frese porträtiert wurde: hoffnungslos mager, so mager, daß solchen Wesen wie Stabschrecke und Odradek kaum zugetraut werden kann, jeweils das Derivat eines Lebensprozesses zu sein. Im *Urania Tierreich* heißt es von der Stabschrecke: »In dieser Starre kann man die Gliedmaßen in beliebige Stellungen bringen, das Tier sogar auf den Kopf stellen oder wie einen Stock waagerecht, nur am Kopf und der Hinterleibsspitze unterstützt, auflegen und in der Mitte belasten, ohne daß es seine Lage verändern würde.« Odradeks Sternkörper, dem die Stabschrecke nicht gerecht werden kann, wird in *Brehms Tierleben* genau beschrieben: »...die Scheibe derart auf Kosten der Arme vergrößert, daß diese nur noch als Ecken oder Zipfel des flachen, fünfseitigen Körpers zur Geltung kommen. Die bei normaler Stellung nach oben gekehrte Seite, die Rückenseite, trägt nahezu in ihrem Mittelpunkt den After, sofern er nicht zurückgebildet ist«, er ist bei Odradek vollkommen zurückgebildet, »auf der anderen Seite, der Bauchseite, mit der das Tier auf dem Boden ruht, liegt im Zentrum die Mundöffnung«, die bei Odradek keine wesentliche Rolle spielt, »von der sich bis in die Armspitzen Längsfurchen erstrecken.« Allerdings erweisen sich viele Tiere, der Seestern weniger als die Stabschrecke oder das Wandelnde Blatt, als schon wieder zu kompliziert gebaut, um für einen Vergleich mit Odradek ausgiebiger in Frage zu kommen.

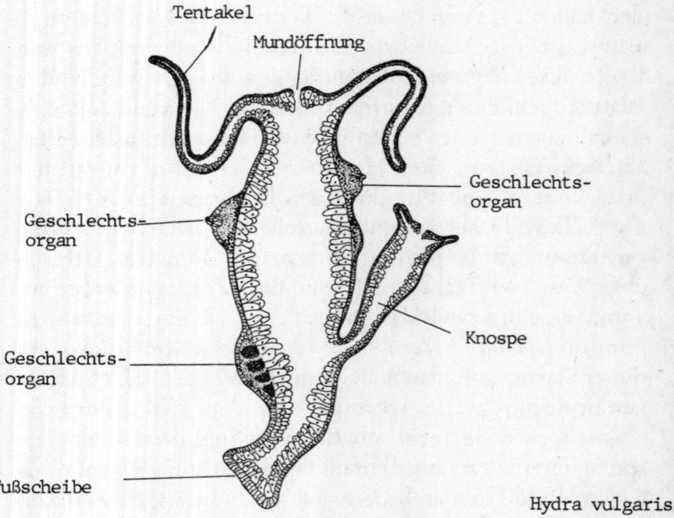

Abb. 28 Hydra vulgaris

Wird einer Stabheuschrecke eine Antenne abgetrennt, so kann es sein, daß keine Antenne nachwächst – sondern ein Bein.

Paul Lüth, *Der Mensch ist kein Zufall*, 1983.

Hydra vulgaris und Odradek. Odradek wird, dank seines einfachen Körperbaus, Hausvater und Haus überleben. Hydra, der Süßwasserpolyp, der seit etlichen hundert Millionen Jahren auf der Erde lebt, ist dank ihres noch einfacheren Körperbaus sehr geeignet, jede Menschheit zu überdauern. Der Preis allerdings für solches Überleben besteht, genau wie im Fall Odradeks, in der Zweifelhaftigkeit ihres Überhaupt-Lebens. »Sie ist kaum«, schreibt Hoimar v. Ditfurth, »mehr als ein 1–2 Zentimeter langer Schlauch, dessen Wandung aus einer doppelten Zellschicht besteht, und auf der anderen Seite in einer ›Fußplatte‹ endet, auf der anderen dagegen mit einem ›Mund‹ versehen ist, den 6–10 Tentakel umgeben.« Die Mittel zu ihrer Fortbewegung sind so ungenügend wie Odradeks Stäbchen zu seiner Fortbewegung. Es heißt diesbezüglich in *Urania Tierreich:* »Eine Lokomotion im Sinne einer Ortsveränderung erfolgt bei solitären Hydropolypen praktisch nicht, wenn man auch von einigen Formen, wie *Hydra*, weiß, daß sie auf dem Boden spannerartig durch abwechselndes Aufsetzen des Tentakelkranzes und der Fußscheibe kriechen können.« Der Samthase war entschieden lebendiger als dieser hirnlose Zellschlauch, dessen Querstäbchen als Fußplatte erscheint, dessen Zwirnfäden als Tentakel einsetzbar und in puncto dessen Mund Hoimar v. Ditfurths Gänsefüßchen das Wichtigste sind. Auch Hydra möchte leben. Sobald sie es wahrhaft täte, wär es um ihr Überleben geschehen und eine Fee würde nötig. Ihr erster Hausvater war, siehe *Grzimeks Tierleben,* Antony van Leeuwenhoek (1632–1723), ihr zweiter Hausvater der Schweizer Naturforscher Abraham Trembley (1700–1784). Während Odradeks Taufvater mit Linné, der Hydra Hydra nannte, verglichen werden muß, war Kafkas Hausvater Leeuwenhoek und Trembley in einem: Leeuwenhoek, indem er den Phänotypus des Wesens erstmals beschrieb, Trembley, indem er sich bei den Einfangversuchen durch das nicht zu fangende Objekt gründlich irritieren ließ. Beide, Hausvater wie Trembley, halten das jeweilige Objekt zunächst für ein Feststehendes beziehungsweise Festsitzendes: Trembley die Hydra für eine seltene Pflanze, der Hausvater den Odradek für einen lädierten Haushaltsgegenstand. Kaum zeigt Odradek außerordentliche Beweg-

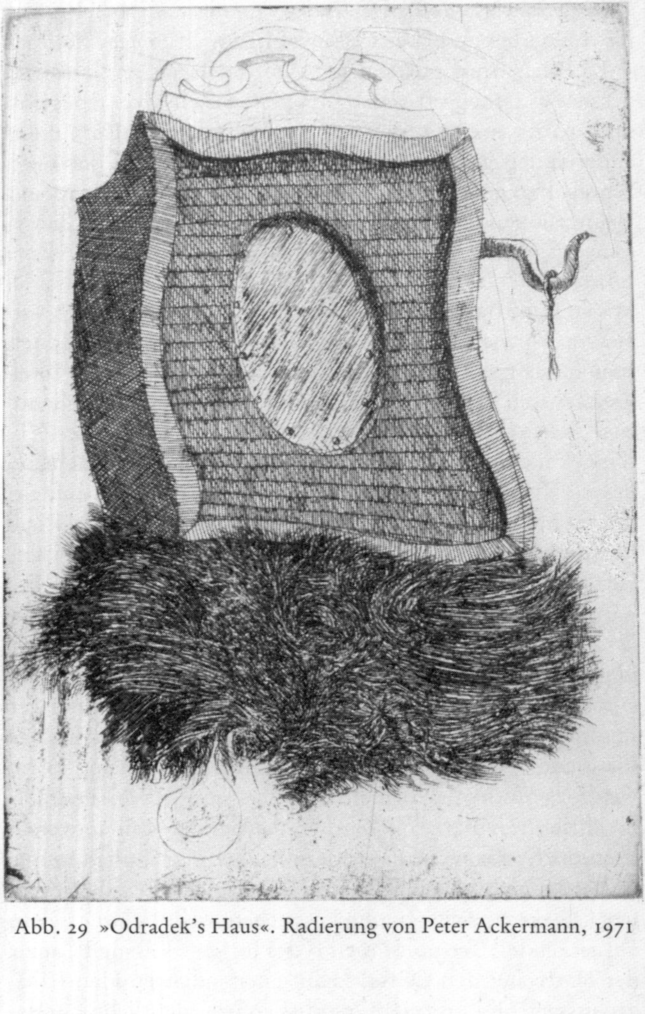

Abb. 29 »Odradek's Haus«. Radierung von Peter Ackermann, 1971

lichkeit, spielt er ins Kerftierhafte. Kaum spricht er, spielt er ins Märchen- und Zwitschermaschinenhafte. Aus Hausrat wird ein Haustier. Aus dem Haustier wird ein Hausgeist. Kaum verliert die Fußplatte der Hydra ihre Haftfähigkeit, wird die seltene Pflanze zu einem pflanzenhaften Tier. Beide Mischwesen, Odradek wie Hydra, befinden sich in einem Übergang, einem Übergang, der stagniert. Die Brücke kommt dort nicht an, wo sie hinzuführen scheint.

Das geschlossene Haus. Hydra führte ihren wichtigsten Erforscher ausdauernd an der Nase herum; Odradek nötigt seinen bekanntesten Hausvater zu fruchtlosen Überlegungen. Zugleich verhext er solche Kafkainterpreten, die auf sein Abraten nicht hören wollen und trotzdem zu interpretieren versuchen. Gnadenlos wird Professor Emrich veranlaßt, sich an ein Zitat anzuklammern, ein vorbeischwimmend Lebendes, an das Wörtlein »das Ganze«. Dieses »Ganze«, diese »Ganzheit«, dieses »abgeschlossene Ganze«, dieses »in sich abgeschlossene Ganze«, diese »in sich gerundete Ganzheit«, dieses »unteilbar Abgerundete«, dieses »universell Abgeschlossene« wird zwanghaft zum Mittelpunkt mindestens vier, fünf, sechs folgender, aussichtslos strampelnder Sätze. Der Zitatenjäger wird zum Opfer seiner Beute: »›nirgends sind Ansätze oder Bruchstellen zu sehen, die auf etwas Derartiges hinweisen würden; das Ganze erscheint zwar sinnlos, aber in seiner Art abgeschlossen‹. Mit anderen Worten: dieses ›wirkliche‹ Wesen Odradek ist überhaupt nichts Zusammengesetztes, sondern ein in sich abgeschlossenes Ganzes, das von keinem Sinn mehr erreicht werden kann und daher ›sinnlos erscheint‹. Es steht außerhalb aller menschlich möglichen Sinndeutung als eine in sich abgeschlossene Ganzheit. D. h., es stellt eine Einheit widersprüchlichster Elemente, aber nun nicht mehr in der

Form unendlicher Reflexionen oder unabschließbarer Lebensvorgänge, sondern in Gestalt eines abgeschlossenen Ganzen, das jeder menschlichen Sinngebung entrückt ist. ›Näheres läßt sich übrigens nicht darüber sagen, da Odradek außerordentlich beweglich und nicht zu fangen ist.‹ Er bleibt unerreichbar. Aber er repräsentiert ein Ganzes, unteilbar Abgerundetes.« Dieses Ganze war nicht das letzte. Odradek läßt den Griff nicht locker. Keine Spirale darf zum Sprung ansetzen. Hydra muß Hydra bleiben, nach 100 Millionen Jahren greift sie noch genauso zu; kein Loch, kein O, wird hineingerissen vom O des Odradek ins Einerlei und Immergleiche des Hauses. Interpretation, zu der es nicht kommt, gehört zum Haus. Nie wird es aufgeknackt, nie wird die Spule Gelegenheit erhalten, aus der Asche zu steigen, des Holzes ledig, mit dem sie nicht viel zu tun hatte.

Gleichwie das Portiuncula-Kirchlein bei Assisi zu Keimzelle und Kraftzentrum der drumherumgebauten Portiuncula-Kirche wurde, in deren riesenhaftem Inneren sich das Ursprungskirchlein weiterhin befindet wie die kleinste Matrojschka in der größten, so wurde umgekehrt ins Haus des Hausvaters ein weiteres, kleines Haus, ein Vogelkasten, ein barockes Theaterchen, eine Stereobox, hineinpraktiziert, nachträglich von Professor Ackermann. Einerlei, ob Odradek drinnen Geborgenheit sucht und von keiner Klingel der Welt mehr erreicht werden kann, oder ob die Hundeleine riß, weil Odradek mit seinem Haus nichts zu tun haben wollte: in jedem Fall sagt das Haus des ausgesparten Besitzers dermaßen viel über diesen Besitzer, daß ihm sein Ausgespartwordensein wenig hilft. Sein Haus stempelt ihn entweder zum Kuscheltierchen oder zum Neřádek, zu deutsch: zum Bengelchen, zum Danebenbenehmerchen, das von seinem Haus nicht zu fangen ist. Zur Einsamkeit des Hausvaters, zur Einsamkeit Odradeks tritt hier die Einsamkeit von Odradeks Haus.

Er freute sich, Fremdlinge zusammenzubringen.

Novalis, *Die Lehrlinge zu Sais,* 1798.

Zweierlei Paläozoikum. Der edelsteinerne Glanz des Titels *Als die Fische die Sterne schluckten* wird nicht überboten von der rührigen Mystik jenes anderen Kinderbuchtitels: *Als die Sternlein vom Himmel fielen.* Der tendenziöse Titel eines Buches von Hoimar v. Ditfurth über die Evolution unseres Bewußtseins *Der Geist fiel nicht vom Himmel,* worin Hydras Reflexe eine wichtige Rolle spielen, hat den Goldgrund vergessen, der fallende Sterne und steigende Fische hinterfängt. Ja, er versündigt sich sogar an der Aura, zu der die abgerissene Zeile eines Fix und Foxy-Heftchens es immerhin bringt: »Die Luft fällt in Stücken herunter!« Unser Blick wird gerichtet auf das, was unter uns kriecht, über uns fliegt, in uns Krankheiten erregt und was unter keinen Umständen auf uns von oben herunterfallen darf. Hoimar v. Ditfurths schlechtes Gewissen angesichts der gruselig richtigen Erkenntnis, daß der Schöpfungsplan auf den Schöpfer vollkommen verzichten kann, nährt die unaufhörlichen Beteuerungen Hoimar v. Ditfurths, wie erstaunlich und hochinteressant die üblichen Wunder der Natur seien. Mit und ohne Hirn lasse es sich ausgezeichnet auf dieser Erde – welcher sonst? – leben. »Außerdem können wir nicht umhin, den geradezu phantastischen Einfallsreichtum, mit dem die Evolution ihre uns so blind und gewaltsam erscheinende Methode handhabt, mit ehrlichem Staunen zur Kenntnis zu nehmen.« Solch programmatisches Gloria des Vorstauners und aller mitstaunenden Untermieter »Wie schön ist die Welt« soll die Sorge des Hausvates kleinhalten. Hoimar v. Ditfurths Hydra darf nichts wissen von Franz Kafkas Odradek. Das dicke Ende, an dessen Anfang das philosophische Staunen gestanden haben soll, der Menschheit bestes Teil,

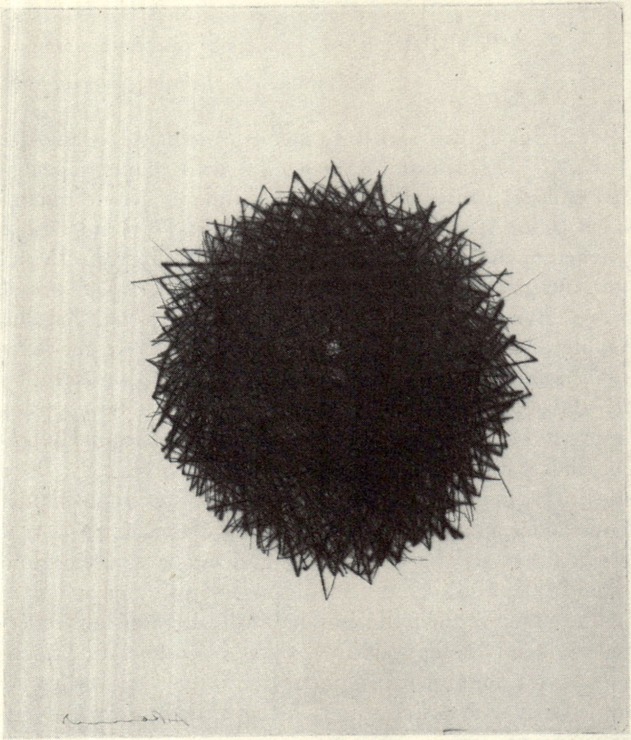

Abb. 30 »Odradek«. Radierung von Arnulf Rainer, 1971

und nicht etwa philosophisches Schaudern oder Befremden, wird dergestalt überhört, daß sowohl Hydra wie Samthase, im Angesicht Odradeks, vorkritisch zurücksinken müssen in Bettnässer-Phasen. Sie merken nicht, daß sie hinterrücks von Odradeks Botschaft ereilt werden. Kindergeschichten aus aller Welt und Naturwissenschaft üben sich, Hand in

Abb. 31 »La Devideuse«. Lithographie von Gerard Dow (1613–1675)

Hand, in kindlicher Affirmation. Tiere sterben aus, im Gegensatz zu *Brehms Tierleben,* worin sich selbst Niedere Tiere nicht weniger liebenswert gebärden als Pferd, Rind und Ente. Daß das Verdauen bei Hydra bereits einsetzt, während das Opfer noch herausragt, vergleicht *Brehms Tierleben,* in behaglicher Unschuld, mit den Hühnerbeinen bei Max und Moritz; folgende Mitteilung aber reißt Busch und Brehm auseinander und stellt Hydra exakt neben Odradek, der ihr die Unschuld nimmt, oder noch besser, neben die Kreuzung zwischen Katze und Lamm, die stundenlang auf der Lauer liegt, ohne Mordgelegenheiten auszunutzen:

»Zuweilen wird gar der eine oder andere Fangarm vor lauter Begier mitverschlungen, doch hat die Natur dafür Sorge getragen, daß er nicht gleichfalls verdaut wird. Der Magensaft hat keine Wirkung auf ihn.« Vergleichbares widerfährt der hochinteressanten Hydra v. Ditfurths; kafkaeske Situationen gab es nicht erst ab Kafka, sondern schon im Paläozoikum und früher: »Auch ein Bröckchen Kunststoff wird von Hydra nach erfolgter Berührung zum Mund transportiert – dieser öffnet sich dann jedoch nicht. Nach langen und geduldigen Untersuchungen haben die Wissenschaftler herausgefunden, woran das liegt.« Odradek verleiht solchen Sätzen die Möglichkeit, sich nach Literatur anzuhören. Die Kunst, die ihnen trotzdem fehlt, hat sich zusammengezogen im Wörtchen Kunststoff.

> Was geschah nun bis zu dem Zeitpunkt, wo der Mond heraustrat? Die menschliche Organisation wurde immer gröber und gröber. Der Mensch hat zwar nicht ausgesehen wie Holz. Das wäre eine zu grobe Vorstellung.
>
> Rudolf Steiner, *Karma und Tierreich*, Vortrag 1910.

Urgrund Nähkoffer. Läge die Geburtsstunde Odradeks nicht in der letzten Aprilwoche des Jahres 1917, sondern wenige Jahre oder Jahrzehnte später, so hätte Odradek weniger an Holz erinnert als tatsächlich an Kunststoff. Farbfilme gab es 1917 noch nicht; Odradeks Rascheln erhebt sich über das Schweigen der Stummfilme. Die Wurzeln seines veralteten Aussehens, ungeachtet der veränderlichen Zeitlosigkeit seines Wesens, liegen in den Winkeln der Prager Kindheit im späten 19. Jahrhundert. Falls der Samthase unrettbar kindlich, die von Odradek unbeeinflußte Hydra unnötig infantil genannt werden müssen, führt Odradek so-

Abb. 32 »Odradek auf Reisen«. Farbige Radierung von Woldemar Winkler, 1971

wieso, bei aller erwachsenen Wahrheit, ein Zurückweisendes weiterhin mit sich. Die »universale Entfremdung«, deren Produkt und Sendbote er ist, deren Markenzeichen er sein könnte, ohne eine Zukunft, in der sie abklingen könnte, ohne eine Vergangenheit, in die sie nicht nachträglich einmarschierte, besteht zu einem guten Teil aus dem Noch-nicht-Verstehen des Kleinkindes, dann dem Immernoch-nicht-Verstehen, der vollendeten Hilflosigkeit des jungen Mannes, dem ein Knopf abging, vor den Mysterien des mütterlichen Nähkoffers. Dieser barg in jedem Fall Utensilien, die abenteuerlich genug aussehen, um jedem, der nicht stopfen kann, sinnlos zu erscheinen, bezogen wie Saiteninstrumente statt umwickelt wie Zwirnspulen, und dies nicht nur zur Kafkazeit. Das Befremdliche einzeln herausnehmbarer Nähkofferinhalte oder Nähkofferinsassen teilen sowohl museale Gerätschaften des 17. Jahrhunderts wie deren Steigerung zur Nähmaschine des 20. Jahrhunderts. In den Eingeweiden der Nähmaschine finden sich Querschiffchen und andere Einzelheiten fest ineinandergefügt zum schnurrenden Zwangsverband; nichts könnte je, mit nachschleifendem Zwirnsfaden, enthuschen und frei sein; wie der Knopf, von dem es in der Geschichte von der Sklavin Tawaddud aus den *1001 Nächten* heißt: »in den Ekken der Wohnungen vornehmer Leute pflegt er sich zu verstecken«. Von der Nähmaschine aus gesehen, erscheint ein Odradek, der immer noch Holz statt Metall zu sein scheint, als ein letzter Mohikaner, ein Ding, das beinahe mit Freiheit ausgestattet wurde. Indem das menschliche Individuum, von Schiller »Bruchstück der Gattung« genannt, zum Rädchen im Getriebe wird, verkommt Schillers Freiheit zur bloßen Freibeweglichkeit neuzeitlicher Amöben, zur Reiselust. Solche Reiselust macht der halb metallne, halb pflanzliche Odradek thematisch, der auf der aquarellierten Radierung von Woldemar Winkler auf Reisen geht, zumindest der Idee des Rollens huldigt. Aus einer Nähmaschine stieg eine Spulenkapsel hervor; Odradeks Zwirnbespannung wird zum polypischen Fangarmbewuchs: hier feiern Odradek und Hydra ihre rauschende Koinzidenz. Im Fall tatsächlichen Vorwärtsrollens flattern die Tentakel im Fahrtwind, im Fall des Auf-der-Stelle-Rollens züngeln sie empor als Dornbuschflammen.

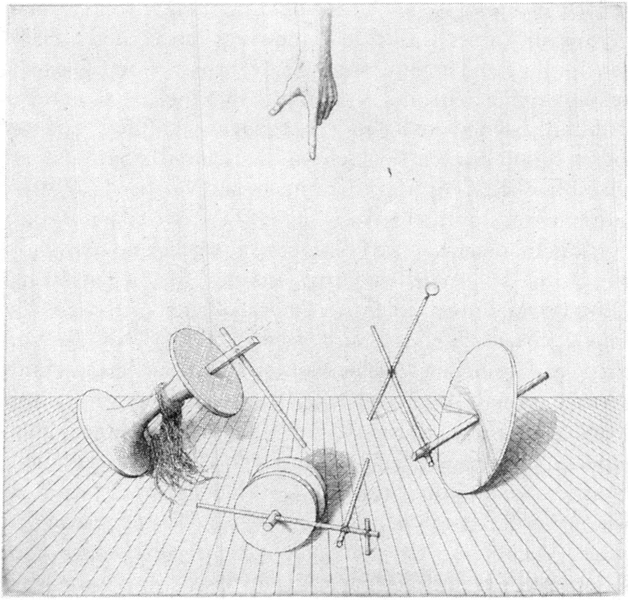

Abb. 33 »Spielzeug«. Radierung von Peter Collien, 1971

Odradek und das Ewig-Weibliche. So deutlich sich Odradek und Hydra in Sachen Überleben, Bescheidenheit des Bauplans, Lungenlosigkeit ähneln – Hydras Verwandte, die Lungenqualle, besitzt, wie alle Hohltiere, nicht einmal Kiemen –, so unterscheiden sie sich in einem entscheidenden Punkt. Hydra besitzt einen Mund, ihre Tentakel dienen einem unzweideutigen Zweck. »Sobald aber nur einer von ihnen« schreibt Hoimar v. Ditfurth »mit »etwas« in Kontakt kommt, krümmen sich alle mit erstaunlicher Geschwindigkeit auf den gemeinsamen Mittelpunkt. [...] Die genauere biologische Untersuchung zeigt weiter, daß Hydra mit dieser Reaktion keineswegs etwa jeden beliebigen Gegenstand meint, sondern Nahrung, noch genauer: ausschließlich lebende Nahrung.« Odradeks bei der Behandlung seiner Anatomie übergangener Mund, und sei dieser Mund nur ein Löchlein im Zentrum der Spule, dient ausschließlich dem Hervorbringen der Worte »Odradek« und »Unbestimmter Wohnsitz«. Des weiteren bedarf Hydra, um dauerhaft zu überleben, abwechselnd der Knospung und der sexuellen Fortpflanzung, im Gegensatz zu Odradek, der nie nach einem Ersatzteillager Ausschau hält. Im Gegensatz zu allen seinen Verwandten ist Odradek von einer erstaunlichen Asexualität. Die Zwitschermaschine, vertont von Giselher Klebe, ihrerseits verwandt mit Wunschmaschine, Sexmaschine, Hamletmaschine, zwitschert Liebeslieder; das Bucklige Männlein stellt sich nicht bloß im Küchel, im Stüblein des Mädchens auf, auf dem Boden, im Keller, in der Spinnstube – es dringt sogar in den süßen Dämmerschein der Schlafkammer ein. Sogar vom Knopf heißt es im Rätsel der Sklavin Tawaddud, ohne Rute paare er sich, verlasse seine Gattin, das Knopfloch, bei Nacht und umarme sie am hellichten Tage. Jeder Zwirn findet sein Öhr. Die parthenogenetische Stabschrecke bedarf zwar keiner Männchen. »Die Männchen sind derartig selten, daß sie keine Rolle bei der Vermehrung spielen. Bei *Carausius morosus* kommen auf 2000 bis 3000 Weibchen etwa fünf Männchen. Bisweilen lehnen bei solchen männchenarmen Arten die Weibchen sogar die begattungswilligen Männchen ab.« Aber immerhin sind Männchen wenigstens vorhanden, immerhin werden permanent Eier gelegt. Die Literatur stellt Odradek ein attraktives Pendant, ein bezaubernd schönes Papagena-Bildnis gegenüber: »Sie ist mit Kurven bedeckt; einer fein gekräuselten, gänzlich unleserlichen Schrift, die hie und da plastischere Figuren ausbildet, ohne daß der Laie ihr anhören könnte, warum; angeordnet als Spirale, endet sie irgendwo in der Nähe des Titel-Zettels, manchmal durch eine Querrinne mit diesem verbunden, damit die Nadel bequem auslaufen kann. Mehr will sie als ›Form‹ nicht hergeben.« Dieses Zitat, nicht von Kafka stammend, sondern aus einem Adorno-Aufsatz von 1934, versucht den Outsider Odradek mephistophelisch, mittels Beistellung einer geeigneten Odradka, ins Geschlecht zu ziehen. Doch Odradek bleibt kalt. Er scheint sich vom Ufer üblichen Fortpflanzens abgestoßen zu haben; odrazit heißt zu deutsch: »(vom Ufer) abstoßen«. Er tut, als sei er – obwohl die patriarchalische Sorge dringend verkleinert werden müßte – des Ewig-Weiblichen nicht bedürftig. Während sich das chemische Zwerglein der Faust-Paralipomena im thessalischen Humus die nötigen Atome für ein chemisches Weiblein zusammenklaubt; während der fidele Homunculus, der in das Haus seines Hausvaters Doktor Wagner keineswegs unweigerlich zurückkehrt, eine Kreatur, halb Gespenst, halb schuldfreies Kind, also Samthasengespiel, schließlich von reifer Göttin in Richtung Hydra hinangezogen wird, dürfte Odradeks Hausvater zu alt und Odradek zu kalt sein für jedwede Form von Dornröschenkuß. In diesem Jahrhundert, dem Zeitalter des Kitsches, ist es zu spät für Kitsch; die Fee bei Margery Williams Bianco wußte das nicht. Aber es ist noch lang nicht zu spät für jene Wahrheit, daß Erlösung zur Zeit nicht vorrätig sei, und die mit dieser fast schmerzlichen Wahrheit zusammenhängende, durchs Schlüsselloch passende, kriechende Sorge.

Abb. 34 »Odradek«. Radierung von Ernst Fuchs, 1971

Leidlos, ohne Blut im Fleische,
schier bist du Göttern ähnlich.

Anakreon, 43. Ode.

Odradeks ägyptologische Erlösung. Ungewärmt von der Liebe des Knaben, der mit dem Samthasen schmust, huscht Odradek auf Treppen, Attrappen der Leiter, von der Jakob träumt, auf und ab. Weder werden seine Stäbchen sich zu lebendigen Pseudopodien noch zu echten Hasenbeinen mausern. Weder liegt in seiner Vergangenheit eine Spule mit neuem, unverknoteten, unverfitzten Zwirn, noch kollert er auf jene Erlösung zu, die ihm auf einer Radierung von Ernst Fuchs, obwohl Odradek solche Erlösung bei Kafka gar nicht benötigt, zuteil wird. Hier wendet sich alles in Richtung Geschichte, Religion, Mythologie; das Rührselige des Samthasenmärchens hat keine Chance; das Schema des Samthasenmärchens bleibt. Dieses Schema, bei Fuchs wie bei Margery Williams Bianco, spürt nichts von den Konsequenzen, die aus der Erlösungsparodie des noch im Zerschellen augenzwinkernden Homunculus eigentlich gezogen werden müßten; spürt nichts von der doppelbödigen Unaufhellbarkeit von Kafkas staubigen Biotopen. Deshalb werden bei Ernst Fuchs die Mythen ernst genommen. Oben links schwebt demgemäß, bei Fuchs, die nach wie vor erlösende Instanz. Die gute Fee schwoll seriös zum Auge Gottes auf, jedenfalls zu einem christlich verpflichteten Auge, mit Wimpern, die als Stacheln in die bläulich getönte Nacht stechen. Unten rechts, in ausgestorbener Kulisse, verkriecht sich keine aus profanem Nähkoffer stammende, kaum literaturfähige, kaum abbildungswürdige Spule; dort steht eine Art ägyptischer Todeskristall, mit Ansatz zum Antlitz. Die reizvollen Beschädigungen Odradeks sind, wie dies schon der Fall war bei Meckseper bearbeitetem Wakkerstein, fortgeschliffen worden, bei Meckseper zugunsten ungeschlachter Dauer, bei Fuchs zugunsten großangelegter, offizieller Metaphysik. Entbunden vom göttlichen Auge, wird der Fuchssche Odradek hinausgehoben über den kristallinischen Horizont, hinaufpoliert zur platonischen Idee Odradeks. Odradeks Holz, falls es Holz jemals war, ist überauthentisch umgeschlagen in das reine Gold eines Sonnengotts, in Edelstein mit Blaustich. Das göttliche Auge hat den Odradekkristall entweder gnädig heraufgeholt, hinangezogen, oder es wurde ein platonisches Abbild der Echnaton-Maske hinunterprojiziert in die Schraffagen des Abgeschatteten. Das ideale Kristallgestirn erscheint allerdings nicht als ein vom göttlichen Auge beleuchtetes oder gar selbstleuchtendes. Die entscheidende Lichtquelle liegt außerhalb der Radierung, vielleicht im Auge des Künstlers oder Betrachters. Der ins Licht gehobene, geklärte Odradek bedarf weiteren Lichtes. Der im Licht ist, sieht genausowenig die Sonne wie der, der im Dunkeln ist. In Kinder- und Hausmärchen besteht Erlösung im Annullieren der Versteinerung oder im Abwerfen der Zwangsjacke Tiergestalt; im Samthasenmärchen besteht Erlösung umgekehrt in der Tierwerdung; bei Fuchs wird der Erlöste weder augenaufschlagender noch mobiler als der Unerlöste. Erlösung besteht nicht im Aufheben der Versteinerung, sondern im Beleuchten des Versteinerten. An solcher Stelle, bei allem Engagement im Ausleihen kulturgeschichtlicher und geologischer Ewigkeitssymbole, zeigt sich auch hier, mitten im Einbruch glorioser Erdenrestlosigkeit, womöglich im Einbruch des Wassermannzeitalters, eine Bauchnaht, jene Bauchnaht, an der jede informierte Esoterik krankt; versehentliche Paradoxe gucken hervor. Indem die am Ursprungsort spezifisch entstellte Zwirnspule bei Ernst Fuchs von ihren Entstelltheiten bombastisch kuriert wird, wird Odradek, das plötzlich aufgemöbelte, positive Gebilde, nochmal entstellt: noch die behutsamste Verklärung vernichtet den Eigenwert des Entstellten. Seine Verklärung dient Odradek so wenig zum Gewinn wie die Rekonstruktion einer hypothetischen Urspule. Im übertrieben auferstehenden Christus würde sich der historische Jesus nicht auf Anhieb wiedererkennen. Es handelt sich bei Odradek um ein häßliches Entlein, das vom Licht des ausgeschlüpften Schwans sich sogar besudelt fühlen würde. Solches Licht, auch ohne Fuchs, kam der Odradekgestalt in Gestalt von Scheinwerfern nah: stufenweise wurde die Kellerassel hineingezogen in den Omnibus der Weltliteratur. Die weihevollen Posaunen, die bei Ernst Fuchs aufgetischt werden, gelten in Wirklichkeit Odradeks Profilierung als »Rätselfigur der Moderne«. Sowas schlägt zu Buch mit himmlischem Glanz.

> Diesen Vorgang kann man an einem Tier mehrfach wiederholen, indem man immer wieder die neu entstandenen Mundscheiben durch Schnitte zerteilt, bis schließlich auf der gleichen Fußscheibe und dem gleichen Rumpf zahlreiche Köpfe stehen. Noch eindrucksvoller ist das Regenerationsvermögen bei dieser Gattung, wenn der Rumpf und die Mundscheibe in viele kleine Stückchen zerschnitten werden. Selbst wenn man eine etwa 2 cm große *Hydra* bis in 200 Teilchen zerlegt, ist jedes Stück noch in der Lage, sich wieder zu einem vollständigen Polypen auszuwachsen.
>
> *Urania Tierreich,* 1969.

Ein gefallener Stern und seine verfluchte Pluralbildung. In folgende Etappen gliedert sich die Laufbahn eines Sterns. Zuerst fällt er vom Himmel, und zwar auf die Erde. Links und rechts mögen andere Sterne niederfallen, für den Hausvater, der ihn außer Haus auffängt, gibt es nur

Abb. 35 »Odradek«. Radierung von Markus Valazza, 1971

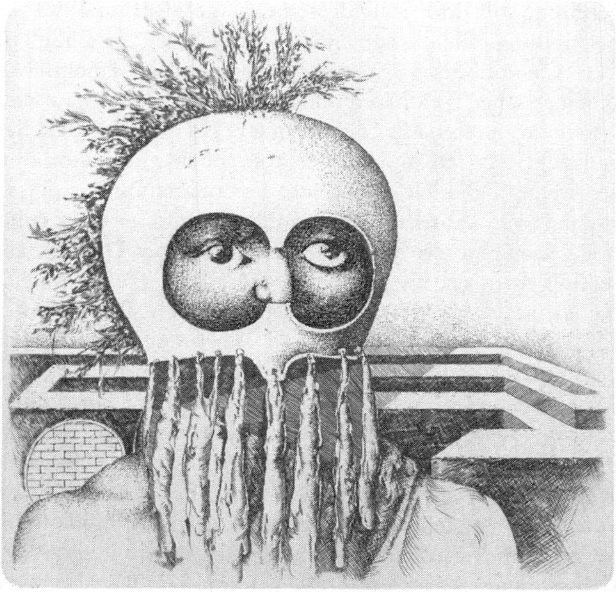

»Am Freitag dem 13.8.1971 erreichte Odradek das verschlossene Tor Polynesiens, um sich in befremdlicher Gestalt zur Rückkehr zu entschließen.«

Abb. 36 Radierung von Eberhard Eggers, 1971

diesen einen. Im Haus kühlt der Stern ab, zurück bleibt ein surreales Spielzeug. Auf ein Zusatzstäbchen wird ein Gummi gespult, und das Gebilde hoppelt ein paar irdische Meter. Der Ursprung des Gebildes wird von späteren Hausvätern vergessen. Der ewige Hausvater vervielfältigt sich regelmäßig zu Kindern und Kindeskindern, eben zu diesen späteren Hausvätern. Der ewige Odradek aber, in seinem Desinteresse, einer Canettischen Vermehrungsmeute anzugehören, soll immer als derselbe, ohne Hoffnung auf Arbeitsteilung, vor die zahlenmäßig zunehmenden Füße kollern. Obwohl der Samthase, bevor er in die Gemeinschaft schematischer Feldhasen einging, Einmaligkeit aufwies, wird er in anderen Märchen an andere Kleinkinderbäckchen gedrückt worden und vorher vom Fließband gekommen sein. Falls Odradek sowohl der Fortpflanzung wie der serienmäßigen Fabrikation entgeht, verstimmt er die Grundmenge zeitgenössischer Mieter und Vermieter. Denn sie alle wollen einen jeweils passenden Odradek im Wohnbereich haben, sei es als weitergeführten Schutzengel im blinden Fleck des Appartements, sei es als Quarz oder getrockneten Seestern auf dem Sims, sei es als Hamster im Rädchen, als Maskottchen im Auto, als Mercedesstern auf der Kühlerhaube; sei es wenigstens als Vorkommnis im Text, das unter dem Stabilo Boss stillhält. Die Sorge des 1917-Hausvaters wußte noch nichts vom Wachstum ihres Inhalts, nichts von der bevorstehenden Verzigfachung der Odradekfigur, nichts vom Verlust ihrer bisherigen Zweckfreiheit. Angesichts solcher Anamorphose schrumpft dem Rückblick das »fast schmerzlich« des Hausvaters zu privatem, belanglosem Luxus. Die Sorge von 1917 bezog sich lediglich auf das Überleben des im Haushalt herumkollernden Einzelfalls, noch lange nicht auf das Überleben derer, welche sich mit Zwirn den Davidstern in Odradekgröße, im Zeitalter seiner Reproduzierbarkeit, aufzunähen hatten. Als Kainsmal wurde er zahlreich wie das Geziefer, das damals im Ägypterlande zu einer der Plagen wurde; zahlreich wie die Sterne. Vor diesem Aspekt Odradeks erwies sich das Auge der Germanisten als die sich nicht öffnende Mundöffnung der Hydra. Dagegen wird Odradek in den Radierungen von Markus Valazza weniger mit dem Judenstern in Verbindung gebracht als mit dessen Konsequenzen. Die Zwirnverhedderung wird zum Spinnennetz aus Stacheldraht; die Stäbchenkonstruktion zu abgemagertem Gebein, das sich im Draht verfängt.

> Setz ich mich ans Rädlein hin, will mein Fädlein drehen:
> Steht ein bucklig Männlein da, läßt das Rad nicht gehn.
>
> Volkslied unbekannter Herkunft.

Das anhaltbare und das unanhaltbare Rad. Deformation und schattenhafte Gegenwart im Haus verschwistert das Bucklige Männlein, das oft lacht, mit Odradek, der lachen kann. Beide Wesen essen nicht. Denn daß das Bucklige Männlein des Mädchens Müslein esse, läßt sich als Anthropomorphismus deuten, als verzeihlicher Aberglaube. Obwohl dem geschulten Blick des 20. Jahrhunderts die Geilheit des penetranten Rumstehers nicht verborgen blieb, ähneln sich Buckliges Männlein und Odradek in ihrer an Ort und Stelle relativen Geschlechtslosigkeit. Auch das Tragen oder Fehlen von Gesicht und Blick braucht kein Wesensunterschied zu sein. Indem allerdings das Bucklige Männlein einfach das Rad des Spinnrads, das Kolo des Kolovratek, blockiert, reißt ein Unterschied beide Wesen, das foppende und das weiterkollernde, auseinander: der Unterschied zwischen Handeln und Sein, zwischen Radblockieren und Radsein. Odradek trägt in der Nabe seines Names ein »rad«. Der blöde Scherz des Buckligen Männleins bildete eine ungehobelte Parallele zur erlösenden Tat des Buddha, der das Rad des Leidens anhält, Odradek rollt daher als das Rad jener Wiedergeburten, die der Hausvater zu durchlaufen hat, zu erdulden hat. Zu erdulden. Denn in jedem Leben wird er aufs neue auf das Rad des Odradek gespannt, werden ihm Riemen angelegt, die durch kleine

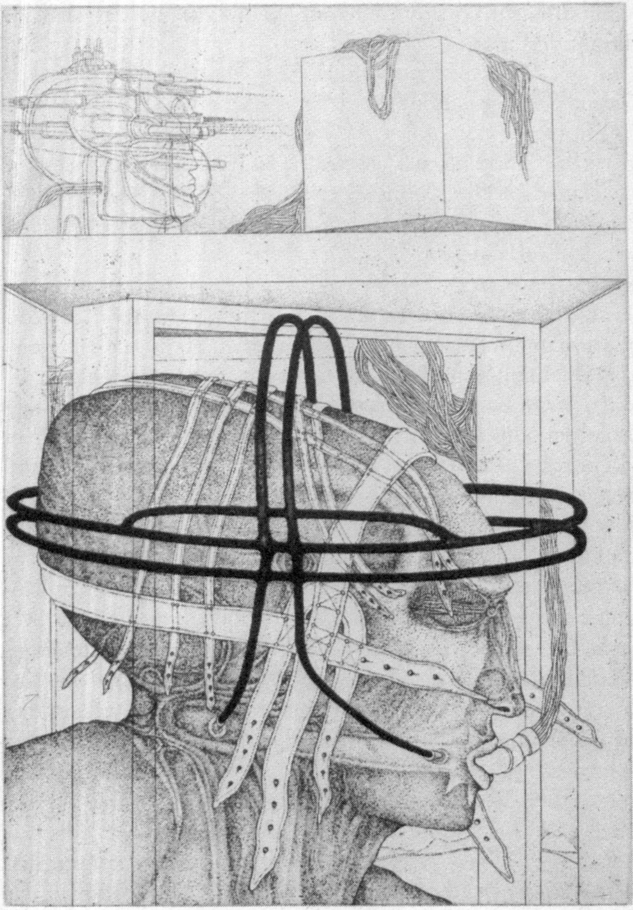

Abb. 37 »Odradek«. Radierung von Anatol Wyß, 1971

Verbindungsriemen zusammenhängen; wird ihm aufs neue das heimliche Zentrum der Erzählung *In der Strafkolonie*, nämlich der fiese Filzstumpf, an dem mehr als hundert Männer im Sterben gesaugt und gebissen haben, in den Mund geschoben – deshalb immer aufs neue, weil offenbar das Bucklige Männlein schlichtweg kein Buddha sein kann und weil schon bei Buddha irgend etwas, beim Radanhalten, schieflief. »Auch sie möchten leben«: diese Zeile, unter fotografierte Randgruppen, unter Hungernde, unter Gefolterte gesetzt, verliert zwar den spielerischen Tiefsinn, den sie im Zusammenhang mit unbelebten Gegenständen erhielt, gewinnt aber, von Buddha aus gesehen, eine neue Zweischneidigkeit, weil für ihn Lebenwollen und Gerädertwerdenwollen keineswegs zweierlei Stiefel sind. Wer nicht aufs Rad oder ins Getriebe will, muß zugleich weder überleben noch leben wollen. Deshalb überlebt Odradek. Es heißt von ihm, er würde sich an keinem Ziel aufreiben: hierin, sowie in seiner Hauslosigkeit, sowie in seinem Abraten, bleibt er buddhistischer Weisheit verpflichtet. Es bleibt seine Spezialität, Rad und zugleich Abrater zu sein, Lebensrad und raschelnder Webstuhl der Zeit, Spinnrad, das absichtlich keine Goldfäden hervorbringt, zerbrochenes Werkzeug und l'art pour l'art; entzückender, bedeutsam unfrisierter Kobold und Schwarzweißgleichnis, hinkendes; Judenstern und Abendstern.

Bio-Fantasien

Kopf und Rumpf. Wo Aufwärtstendenz und Untenbleibwunsch jeweils auf halbem Weg stehenblieben, an diesem Schnittpunkt, wo die Bewegungen sich am Weiterfließen dauerhaft hindern, entstand das erstarrte Provisorium Kopf. Kopf und Rumpf versuchen jederzeit, nicht erst beim Menschen, sich die Rücken zuzukehren. Sie rücken, mit Hilfe des Halses, voneinander ab, ohne voneinander, aufgrund desselben Halses, lassen zu können. Abwechselnd schüchtern sie einander mit vorübergehender Vorherrschaft ein: im zweiten menschlichen Keimlingsmonat will der Kopfteil, samt seiner Gehirnanlage, den Restleib zum Anhängsel degradieren. Das Anhängsel fängt dann allerdings an, gewaltig zu wachsen, um schließlich, spätestens ab der Pubertät sogar desselben Individuums, den Spieß umzudrehen, mit breitem Rücken und Unterleib, expandierenden Gesäßbacken, den scheinbaren Ausgangspunkt, den zunächst vielversprechenden Kopf, als bloße Ausstülpung des Rumpfes erscheinen zu lassen. Dann verhöhnen eigendynamische Fleischesmassen die Idee des Hauptes. Einsam sucht sie zwischen fliehender Stirn und Wasserkopf ihren Weg. Dämmerndes Hinterland, klobiges, nährendes, nämlich mit Öl und Atem versorgendes Asien, eine ungeheure Plazenta, die Wiege Europas, strampelt sich frei von der Halslosigkeit Eurasiens und läßt so freihändig wie möglich einen zwar kleinen, doch hochinteressanten Kopf aufsteigen, einen Kopf mit feinziselierter Vorderseite, dicht gruppierten Details, bescheidenen Mittelgebirgen, einiger Bewaldung. Kaum aber begibt sich der Gesamtorganismus hinter einen Röntgenschirm, schmelzen die Gewebe hinweg, der Körper löst sich in Stäbe und Stäbchen auf, während der Kopf als kompakte, übermächtige Kugel erscheint. Als freiheitlich gesinnter Gasballon möchte die Kugel aufwärts steigen. Aber nirgendwo zieht sie ernstgemeinte Konsequenzen – besonders dort keine, wo es nach Zerreißprobe zwischen Kopf und Restleib aussieht, wie im Falle der Giraffe, des Straußes, des Höckerschwans. Im Fall des Menschen hält der blinde Besitzer, der Rumpf, ohne die Hände bemühen zu müssen, den Kopf an einer kurzen, recksamen, kaum verlängerbaren Leine fest, einer Leine mit Rollkragen und Kehlkopf, dem Produkt eines Einschnürungsprozesses, dieser Sanduhrtaille einer ungleichmäßigen, unbeendeten Zellteilung, diesem verlogenen Verbindungsstück.

Einerseits gibt der Hals sich hier und da anmutig. Er erlaubt es der Vorstufe der Kopfes, der Rumpfausstülpung, Kopf zu sein, also sich ballettös auf eine Zehenspitze zu stellen. Öfter aber bindet Hals oder Kurzhalsigkeit den Kopf, dessen Stirn sich dem Himmelsgewölbe entgegenwölben wollte, mit Unerbittlichkeit an alles Tiefergelegene, fast Abgestreifte. Dann wird die kurze Leine mit Doppelkinn und Stiernacken verdickt. Dann triumphiert der Rumpf; er erinnert den eingeholten Kopf an den einziehbaren Kopf der Schildkröte. Ja, erinnert daran, daß es noch nie einen Kopf gab, außer auf Paßfotos oder im Falle von Gipsbüsten, dem Emanzipation vom Rumpf gelang, daß es aber sehr wohl Zeiten gab, wenngleich Urzeiten, in denen Kopf und Rumpf problemlos identisch waren.

Kopflos ringen die Pflanzen die gereckten Extremitäten, eine Unzahl, nach nie gesehenem Licht. Schon beim Wurm, dieser halsartigen, deshalb halslosen Gestalt, wird das eine Ende, ohne sich zu erheben, zum Vorderende, indem das andere Ende passiv bleibt und dadurch zugibt, Schwanz zu sein. Der zukünftige Kopf, auf dieser Stufe noch ganz ungeeignet, Sitz des Geistes zu werden, kriecht allem, was da gesteuert, gezogen werden muß, um nicht liegenzubleiben, voran. Gleichwie später Fühler dem Kopf vorausgeschickt werden, und noch später Augenlicht, und noch später Gedanken, so wird schon beim Wurm eine Schlauchspitze vorausgeschickt. Derweilen das tastende Ungesicht übergeht in eine spähende Visage, mietet sich der göttliche Funke lebenslänglich in der geschlossenen Anstalt des Schädels ein. Da glüht er nun zwischen Lappen und Wülsten und Windungen, fühlt sich unbegrenzt überlegen allen Mitbewohnern, den Nachtschichtarbeitern der unteren Geschosse, den Fachidioten, den Unreflektierten, den Zweckverbänden, den Interessen-WGs, an denen er hängt und saugt. Der schwebende Geist hinkt der Als-ob-Bewegung seiner Kapsel hinterher und siehe: es gelingt ihm, das Ausgehverbot, das im Mietvertrag zum Großgedruckten gehörte, zu hintergehen. Er geht aus, ohne zu unterscheiden, ob er außerhalb des Kopfes ausgeht oder im Hereingeholten. Solange der Rumpf pumpend spendabel bleibt, solange der Hals keinen Schlagbaum fallen läßt, darf der Kopfinhalt von Geist träumen und ungehindert seine eigene Vorbedingung in Gang setzen.

Auge und Mund. Weite Strecken des Körpers, die Ebenen und Täler des ausgefahrenen Rückens tragen Brachlandcharakter, desgleichen die Wölbung oder das vertikale Hochplateau des Hinterkopfes. Erst im Gesicht konzentriert sich die Tristesse weitschweifiger Landschaft zu aussagekräftigen Sensationen. Der Brennpunkt Gesicht faßt sich zusammen zu einem noch viel brennenderen Punkt. Ein schwarzer, im Grund gleichgültiger Fleck wird von einer Anzahl Ringe und Rahmen, erstens von einer Iris, zweitens vom Weiß des Augapfels, drittens vom Wimpernkranz, viertens von Lidern, fünftens von Brauen und schließlich vom Oval des Gesichts so lange zentripetal umringt, überdacht und gerahmt, bis in Zusammenarbeit mit Glanz und Lichtreflexen das am meisten Intensität versprühende Produkt der Natur zustande kommt, das Auge. Wo ein Augenpaar aufgeschlagen wird, am besten ein sehendes, bekommt die Porentapete zwei Löcher. Die Folie des physischen Himmels wird aufgerissen und von woanders her Geholtes, Sehendes wird sichtbar: nicht länger Schweinchenfarbenes, nein, Farbiges, Blaues, Gemischtes, Marmoriertes, Irisierendes, Reflektierendes. Noch das müde oder schwachsichtige Auge bewahrt das Durchbruchsmoment; noch dem Glasauge, noch der viereckigen Pupille des Ziegenauges fehlt es nicht. Babys lachen Zweipunktmasken an; vom Glupschauge Donald Ducks, worin ein verzogenes Fensterchen mit Fensterkreuz zu erblicken ist, werde ich angeguckt, desgleichen vom Guckloch, hinter dem keiner steht; von der abgelegten Brille, vom Sekundenzifferblatt.

Auf der Landkarte des Gesichts thront das fleischerne Denkmal der Nase. Nördlich geschieht ein Augenaufschlag, südlich wohnt ein sich öffnendes, ein bodenlos forderndes, zu keinem Kompromiß fähiges Loch. Vor dieses Loch wird eine erträgliche Formation, ein beweglicher Kanaldeckel gesetzt, vor den Schlund eine Mundpartie. Aber selbst die wohlgeformteste Form, eine gelungene Oberlippenzapfung, ästhetischer Randverlauf, vertretbare Unterlippe, zartgezeichnete Mundwinkel, die Lippen Apollos: nichts kann die Blindheit und Urtümlichkeit des Mundes eskamotieren. Wenn er sich öffnet, werden Knochenrechtecke sichtbar, Stück an Stück, und im Inneren hebt sich eine Muräne blind mit hochempfindlichem Kopfende aus dem Hinterhalt. Urmund und Kloake stehen dem Mund, ihrem Nachfahren, deutlicher an der Stirn geschrieben als dem Auge das früheste Lichtorgan des Tierreichs, der rötlich schimmernde Augenfleck der Euglena. Für den Fall, daß der Sinn des Auges im Sehen zu suchen sein sollte, so liegt das Wesen des Mundes, außer im Aufgehn und Mundgeruchverströmen, darin, Ausschnitte der Außenwelt auf Nimmerwiedersehn in sich hineinzuziehen, rücksichtslos, atemlos, oft. Literweise, zentnerweise. Ganz anders das Auge. Nie muß es Pfefferminz lutschen. Wenn es Außenwelt in sich hineinnimmt, so tut es dies mit solcher Behutsamkeit, daß die Augenweide nichts zu merken braucht. Nichts wird beschädigt, die Augenweide darf unverdaut überleben, wird von der insgesamten Blickmasse kaum abgenutzt. Das entziffernde Auge, Repräsentant Schopenhauerscher Vorstellung, leuchtet; der inhumane Mund, vorletzter Brennpunkt Schopenhauerschen Willens, mampft im Morast. Wo das Auge überfließt, ist der Mund bloß voll. Und wären die Lider entzündet und die Wimpern Borsten und das Weiße von Äderchen durchkrochen: noch der aufgerissenste Sehschlitz eines Kyklopen führt ein Sonnenhaftes mit sich und versprüht, genau wie der Kopf, Freiheit und Hochmut – derweilen Mund und Rumpf in ihrer Dumpfheit schuften müssen, rudern im Bauch der Galeere, kauen im Takt der Schläge, Tee trinken, damit das Auge tränen und glänzen kann.

Sich hier und da Kontemplation zu genehmigen, könnte der Kaumuskulatur als Frechheit des Auges erscheinen. Der größte Frevel des Auges, aus der Sicht der Augenlosen, besteht darin, nicht solidarisch, nicht blind, nicht wie sie zu sein. Bestraft wird es, indem es sich sagen lassen muß, und zwar vom Mund, daß der Mund entwicklungsgeschichtlich weniger wegzudenken ist als das erst ganz spät hinzugetretene Auge. Das Auge öffnete sich einzig, um der fliehenden Nahrung auf der Spur zu bleiben. Es wetzte die Sehkraft am Haken der Hasen. Zum Schluß trat es ein ins Überschäumen der optischen Täuschungen. Keine Haut, keine Mauer steht mehr im Weg, nur noch das Auge selbst. Hornhäute, Regenbogenhäute, Netzhäute und sonstige Häute und Teile, ein bewundernswertes System, verhindern ein wirkliches Zusammenkommen von Innenwelt und Welt; die Augen sind nicht nur meine lieben Fensterlein, sondern zugleich Balustrade. Deshalb wurde den Augen, diesen einzigen Lichtern innerhalb der dunklen Welt, von Kafka nicht zugestanden, wirklich Lichter zu sein, er nannte sie Kunstlicht. In solcher Betrachtung wird die einzige lichtempfindliche Stelle des Körpers, deren blinder Fleck berühmt wurde, zum ihrerseits durchgehend blinden Fleck. Unsere Erkenntnisorgane sind, laut Nietzsche, zur Erkenntnis nicht eingerichtet. Der lebendige Blick trügt. Der Blick bleibt nur dann lebendig, wenn ihm die angrenzende Mimik beispringt. Und die steckt mit den Kaumuskeln unter hautfarbener Decke. Der kauende Mund besitzt eine größere Lebendigkeit als das lachende, vom mitlachenden Mund verlassene und sofort erstarrende Auge. Das sprechendste Auge kann den Nachklang Vogelblick und Fischauge nicht abstreifen. Die Lupe wird zum Liquidator des Blicks, sobald er unter ihr in Maserung und Ornamente zerfällt. Der Spiegel der Seele wurde gebildet aus fast unorganischem Material, vergleichbar den leblosesten Haaren, Ohrknorpeln, eher den Zähnen vergleichbar als den schwellenden Lippen, an die Bacchus das Glas setzt. Zirkulationsmäßig auffallend isoliert, nimmt die Hornhaut kaum an den Lebensvorgängen des Körpers teil; sie bleibt nach der Pockenschutzimpfung als einzige Stelle des Körpers auch weiterhin infizierbar. Der toteste Apfel wird hier zum weinenden Beutel für das illusorische Jawort, das der Kopfstand des goldenen Überflusses und die ausgeflogene Laterne sich schenken. Die Träne rettet das Tote des Auges nicht. Immerhin figuriert sie, im Vergleich mit Speichel, als der würdigere Saft. Die Würde des Mundes besteht darin, Worte zu produzieren. So wird er, besonders auf Dauer, unterhaltsamer als jedes Auge, aussagefähiger als noch das ausdrucksvollste Auge. Allerdings würde der Mund auf der Stelle gravierend wortkarger, wenn sich plötzlich das Auge langfristig schlösse und ihn so um die plastischen Anlässe zum Sprechen brächte. Solange das Auge ihn mit benennbaren Details versorgt, solange kein Dolmetscher zwischen Mund und Auge Intrigen spinnt, darf der Mund auf ewig sich selber Mund, das Auge Auge und das mündliche Formen der Worte womöglich den Lidschlag der Lippen nennen.

Darwinistische Poetik. Der Beginn der ersten Fassung von *Kopf und Rumpf* lautete: »Der Kopf, als eine Ausstülpung des Leibesschlauches betrachtet, aus welchem er damals, beim Übergang von der halslosen Fischgestalt zur Gestalt halsbesitzender Lurche, hervorwuchs, wäre, in seinem Verhältnis zu jenem Leibesschlauch, an welchen er zeitlebens, mittels Hals, gebunden bleibt, bestens in der Lage, dem menschlichen Geist, der bisweilen mit dem Inhalt der oberen Kopfhälfte, dem glitschigen Hirn, nichts zu tun haben wollte, den Kopf zurechtzusetzen. Kein Kopf kann sich losreißen vom Körper, der ihn vorwärtsträgt und geschickter ausbalanciert als der Kopf seinerseits einen Ball oder einen Hut.«

Kaum begann dieser Abschnitt sich seines Daseins zu freuen, schlich sich eine Neufassung an, nahm die Erstfassung mit Haut und Haar, samt Ball und Hut, in sich auf, schied Ball und Hut aus, sah anders als das Opfer aus – ohne äußerst anders auszusehen; sie lautete:

»Dem menschlichen Kopf, vor allem seiner Vorderseite, die Gesicht genannt wird, ist es im Lauf seines Loslösungsbestrebens von einem ungegliederten Leib, mit dem er, im

Zeitalter der Würmer, problemlos identisch war, einigermaßen gelungen, in Vergessenheit geraten zu lassen, daß er lediglich als eine Ausstülpung des Leibesschlauchs, auf dem er sitzt, betrachtbar bleibt.«

Dieser Satz durfte da sein, aber nicht länger als ein Minütchen lang geschlossen da bleiben. Die dritte Fassung drehte ihm, ohne der Stelle »problemlos identisch« etwas anhaben zu können, die Gurgel um, und zwar mit diesen Worten:

»Wer den Kopf des Menschen als Ausstülpung des dazugehörigen Körpers und das Gesicht des Menschen als Vorderseite dieser Ausstülpung definierte, träte beiden, dem Kopf wie dem Gesicht, auf den Schlips. Eine solche Definition mag entwicklungsgeschichtliche Indizien auf ihrer Seite haben, mag sich in besonders halslosen oder kurzhalsigen Einzelfällen besonders griffbereit halten; sie verkennt aber die deutliche Tendenz der Kopfentwicklung, gerade diesen Leibesschlauch, dem sie offensichtlich entstammt und an welchem jeder Kopf zeitlebens, mittels Hals, gebunden bleibt, hinter sich zu lassen.«

Die vierte Fassung wartete nicht mit Neuigkeiten auf, sondern begnügte sich mit leichten Merkmalsverschiebungen innerhalb des bis dahin vorhandenen Arbeitsmaterials:

»Einer Haupttendenz des Kopfes würde sofort auf den Schlips getreten, wenn man den Kopf festnageln wollte auf jenen Körper, von dem er sich, mittels Hals, separiert, wobei er natürlich durch denselben Hals zeitlebens angebunden bleibt. Die Vorstufe des Kopfes mag eine Ausstülpung des dazugehörigen Leibesschlauchs gewesen sein. Noch weiter vorher mag sogar die Ausstülpung mit dem Schlauch problemlos identisch gewesen sein. Inzwischen hat der Kopf längst anderes im Sinn, anderes längst realisiert, selbst dort, wo ausgesprochene Halslosigkeit vorliegt. Diese, wo sie beim Menschen überhaupt vorkommt, ist meist bloß Kurzhalsigkeit.«

Plötzlich trat ein scheinbar völlig neuartiges Wesen gebieterisch auf den Plan und eroberte sofort das Biotop des Manuskripts. Zitat:

»Wenn Asien die Wiege Europas ist, müßte Europa das Baby Asiens sein. Zwar bleibt Asien das dämmernde, dampfende Hinterland, aus welchem ein unruhiger Kopf, samt verästelungsfreudigem Gesicht, eben Europa, aufsteigt. Zwar spendet die ungeheure Plazenta weiterhin Weisheit des Ostens und Öl der Dritten Welt. Aber es kommt zu keinem Auseinander, die Wiege strömt zeitlebens ins Baby über. Es gibt nur einen Klumpen, einen Urkontinent, Eurasien. Anders der menschliche Kopf, aber nicht völlig anders: Eine anatomische Kontinentaldrift tritt gebieterisch auf. Ein sogenannter Hals markiert die überregionale Tendenz.«

Diesem Neubeginn wurde auf der Stelle der frische Wind abgedreht. Verbissene, verkomplizierende Übergangsvarietäten gewannen das Feld. Varianten des einen Gedankens schlürften sich gegenseitig aus, pränatale Kannibalen, die nach dem Modell der Sandhaiembryonen und Mohrensalamanderembryonen die eigenen Mitembryonen und ungelegte Geschwistereier fressen. Die Vorstufen des Unformulierten hatten sich weiterhin mit Nichtsein zu begnügen. Schließlich stieg die letzte Fassung, im Gefühl vorläufiger Lebensfähigkeit, aus dem Gemetzel der gestrichenen Stellen auf, ein Machtblock, der die Vorzüge des Getöteten eher schamrot als siegesbewußt mit sich führte, d. h. einen Teil der Vorzüge. Ball und Hut blieben auf der Strecke. Sie versanken im Papierkorb der Selbstkritik, einem Massengrab. Falls die rezente Version von einer zukünftigen Umformung verschont bleiben sollte, wird sie womöglich von beengten Nachbarfantasien gequetscht oder von den Rivalen bevorstehender Schriften verhindert werden, dagewesen zu sein, und nicht nur den Schriften desselben Autors. Rundherum läßt die Kreativität von 200 000 BRD-Schriftstellern ein Himalaja stoßweise weiterklettern. Kunst und Natur unterscheiden sich, was hirnloses Sprießen betrifft, kaum. Diese Lust am Plural datiert bis auf die Teilungslust der Zellen zurück; soundso viele Samentierchen produziert alle zwei Sekunden ein Hodensack, beseelt von der Zukunftsgebärde abrahamhaften Ölscheichs. Unbesiedelte und besiedelte Flächen, leere und übervolle Bücherbretter, Ablagen und Hängeregistraturen werden mit Büchern und Menschen überschwemmt. Die Überschwemmung bildet aber nur den winzigen Zipfel der ungeheuren Mütze dessen, was unter dem Schreckwort »unaufgeforderte Manuskripte« malthusianisch wimmelnd die Runde macht und das minütliche Brot zugeschütteter Verlage bildet, die Mammutmasse der Kastenlosen, die nicht einmal auf der untersten Sprosse sich festsaugen dürfen. Sie sinken, abgetriebene Früchte, hinunter – ach! nicht einmal in den hochklassischen Orkus, in den das Gemeine klanglos hinabgeht.

Im Bereich der Literatur geht die künstliche Zuchtwahl der natürlichen Zuchtwahl voraus. Der Holzapfel des ersten Einfalls, der sich zum Boskop einer gelungenen Bio-Fantasie mausern möchte – schreiben heißt der Überzüchtung ausweichen, ohne die Differenzierung preiszugeben –, hat sofort, bevor noch ein Wort auf dem Papier landet, eine Anfangshürde zu nehmen, die Hürde Wortwahl. Wortwahl verhält sich um nichts erbittlicher als spätere Zuchtwahl; Zuchtwahl hört nicht auf, selbst zwischen gewählten Worten, ausgewählten Werken, verläßlich aufzuräumen. Selbst die Felsen im Geröll rollen im Geröll davon.

Selektion findet statt, sobald Paul Gurk oder Clara Viebig (1860–1952) durch das sogenannte Sieb der Zeit rutschen; Kontraselektion, sobald statt Wilhelm Meister Rinaldo Rinaldini und statt Georg Simmel Simmel gelesen wird; wahllose Elimination überall dort, wo am Schluß eine Bücherkiste im Regen auf Sperrmüllabfuhr wartet und 116 Stücke von Sophokles verlorengehen; wo Originale römischer Dichter als Einwickelpapier verwendet werden; wo aufgeweichte Wege ochsenkarrenweise mit kostbaren Klosterhandschriften befahrbar gemacht werden. Wo ein Buch im Sieb hängenbleibt, hat es nicht unbedingt überlebt; nicht jedes überdauert sein Dableiben, entweder sein Dableiben als Bibliothekskadaver mit ewig unaufgeschnittenen Seiten; oder sein von Lichtenberg untersuchtes Dableiben als Unterlage, als Sitzgelegenheit, als Trommel, als Verstopfobjekt für Mauslöcher, als Wurfgeschoß in Richtung Ratz. Wo das Nichtgelesenwerden eines Buches nicht zum Zuge kommt, gesellt sich zum Angelesenwordensein, zum Überflogenwordensein, zum Gelesenwordensein das Vergessenwerden. Wo das Vergessenwerden nicht zum Zuge kommt, gesellt sich zum Behaltenhaben der Zerfall der Gedächtniszellen. Wo die Gedächtniszellen noch nicht zerfallen, zerfallen sie ein wenig später. Der massenweise, perpetuierliche Zerfall der Hirne, dem das Zerlesenwerden der Bücher entspricht, findet statt auf massenweisem, perpetuierlichen Nachrücken des Nachgedruckten, Abgetippten, Ausgedruckten, des Plagiierten, des Umformulierten, Neugeschriebenen, des Überschüssigen, des Gewesenen, des Verbesserungsbedürftigen, des Hervorragenden, des immer wieder aufs neue Überlebenden.

Vom Stammbaum der Kunstwerke. Die Evolution der Kunstwerke rekapitulierte – und zwar annähernd im Tempo Haeckelscher Embryonen – die gesamte Evolution der Lebewesen, Äonen in Minuten, genauer, vier Milliarden Jahre in ein paar tausend Jährchen. Anfangs kam es jeweils zu Anfangsschwierigkeiten. Das Freistrampeln hier von chemischen, dort von magischen Vorstufen zog sich in die

Länge. So lange in die Länge, bis halbwegs gegen die Außenwelt abgedichtete Figuren zustande gekommen waren. Kunstwerke wie Naturprodukte brachten es zu vorübergehender Formbeständigkeit. Anders gesagt, sie litten an Sterblichkeit. Frühzeitige Monumente, Pyramiden und Protozoen, wurden zum primitiven Sterben. Je mehr Einzelheiten dazukamen, desto größer die Veränderlichkeit. Die Veränderlichkeit solcher Einzelheiten, samt ihrer Träger, stand im Gegensatz zur Starre, in der diese Träger, samt allen Einzelheiten, lebenslang verharrten. Wo Gebilde der Kunstgeschichte vagil oder transportabel wurden, büßten sie ihre Dauerhaftigkeit, Schritt für Schritt, ein. Dem mangelhaft dauerhaften Einzelgebilde wurde Schadenersatz geleistet durch seine Reproduzierbarkeit. Hierbei hielt sich die Lust zur Variation anfangs in dauerhaften Grenzen. Sie kam kaum vom Fleck. Der Schritt von der Einförmigkeit früher Kunst zur Mehrdeutigkeit späterer fiel nicht minder schwer als der Schritt von der Einzelligkeit des Einzellers zur Mehrzelligkeit des Schwamms. Scheibchenförmige Figuren eroberten irgendwann das Pathos des Volumens. Otfried von Weissenburg führte die Bilateralsymmetrie in die Literatur ein. Der Auseinanderfall entwickelter Kunstfiguren in eine exoterische und in eine esoterische Seite wurde seitens der Hohltiere vorgezeichnet, den frühen Erfindern pointierter Innen- und Außenschicht. Arno Holz führte die Chorda dorsalis in die Poesie ein. Das vorsintflutliche Schneckentempo steigerte sich zum presto furioso klassischer Blütezeiten und Stoßzeiten. Das täuschende Losreißen später Kunst von Lebenszwecken wiederholte den Schein der Freiheit, mit dem der Lungenfisch das Wasser und die Riesenlibelle die Erde abstreifte. Neben schubweise vorwärtsgetriebener Höherorganisation behauptete jederzeit das Treten auf der Stelle sein Recht; die Furie des Rückbildens leidet an Überbeschäftigung. Während die

Brückenechse der Literaturgeschichte, das Heldenepos, von der Elastizität künftiger Entwicklungsromane träumen mochte, blieb der unbeirrbar stagnierende Schwamm Schwamm, Schopenhauers als Tropf geborener Tropf Tropf, das Punkt-Punkt-Komma-Strich-Gesicht archaischer oder naiver Kunst Punkt-Punkt-Komma-Strich-Gesicht. Der Quastenflosser des gregorianischen Gesangs wurde von evolutionsfreudigeren Formen nicht aufgehoben. Unterhalb der Sensibilität asklepiadeischer Strophen weste der Bodensatz sturer Knüttelreime fort. Überinstrumentierte Brontosaurier, in Sümpfen steckenbleibende, nach Luft schnappende Großformate erschienen auf der evolutionären Bühne, wandelten und wechselten sich ab; schlangen Nebenflüsse, samt Treibgut, in sich hinein, dem unbekannten Delta entgegendonnernd, vom Rinnsal nichts mehr wissend, das schon am Anfang Ganges oder Amazonas hieß. Kontrapunktiert wurden die Gesamtkunstwerke des 19. Jahrhunderts von den Bagatellen, Präludien, Aphorismen der ausgehenden Triaszeit, hypermotorischen Nagern, den ersten Säugetierchen, in deren impressionistisches Gewusel und Hingetupf sie teilweise zerflockten. Als Short stories wanderte atemloser Kleinkram zurück in Richtung Untergrund. Webernquartette, in Kolibrigestalt sinnvoll auf Säugerebene angekommen, schwangen sich hinaus über rezente Kunstgebilde; zwei, drei Generationen später kippten sie zurück ins Wirbellose und Schädellose der Metamusik, ins Äon des Bandwurms, ins Schnittebenenarme, Scheibchenhafte.

Ein Stammbaum der Künste würde eine ähnlich vegetative Evolution durchmachen, wie sie der Stammbaum der Naturfiguren durchmachte. Er sah zunächst eher nach Leiter aus. Diesseits jeden Ausuferns stand die Scala naturae mitten im Mittelalter. Ein primitiver Organismus. Der reichte dem Galopp der oberen Sprossen nicht an die Errun-

Abb. 38 »Ornithhorhynchus paradoxus«. Stich von G. Mützel, um 1900

genschaften. Er sah aus wie ein romanischer Ringelwurm. Jede Stufe ein trocknes Segment. Das statische Aufwärts der Leiter betrog die eingetragenen Namen um wirkliches Aufwärts. Jedes Abteil blieb steckengebliebener Fahrstuhl. Das Arbeitsmodell Baum, das im 18. Jahrhundert vorgeschlagen wurde, erschien als eine gleichsam gerupfte, leiterartige Neuerung, als ein Stock, der nicht auszuschlagen, kein Reis hinauszusenden vermochte, kein weiterfingerndes, gotisch strebendes. Erst Ernst Haeckels genealogische Verwandtschaftstafeln verhalfen der antiken Zypresse oder Pinie zum faustisch welteschenartigen Rauschen: Fugatostimmen, notwendige Arabesken, rückwärtslaufende, versiegende Adern, ganze Wälder, hinter deren Zetteln es muhte, äugte, zuckte, drängte, wuchsen abwechselnd nach oben oder, nach Mangrovenmanier, nach unten. 1888 führte M. Fürbringer, der Giotto der Stammbaumkunde, den dreidimensionalen Stammbaum ein, also zu einem Zeitpunkt, als die Kunstgeschichte schon anfing, Giottos dritte Dimension in irrende Lichtpunkte zurückzustufen. Die theoretisch gefällten, nämlich widerlegten Stammbäume hatten kein Glück. Sie verbuschten. Nur wenige Äste krochen in Richtung untergehender Sonnen. Das meiste gurkte und murkste als Krüppelholz im Unterholz herum und kam auf keinen hellgrünen Zweig. Klangfarben, Farbklänge, sinfonische Dichtungen, lyrische Suiten, Symphonien, in denen Chöre, Streichquartette, in denen ein Sopran auftritt, kleine Stücke für große Orchester, Capriccios in Callotscher Manier halfen die Sorgenfalte der Systematiker kerben. Das überquellende Blickfeld der Vermengungen blieb lediglich dann halbwegs Blickfeld, wenn ausdauernd umbenannt und falschbenannt wurde. Jede Taufe kam zu spät, im Fall der Dinosauria um 200 Millionen Jahre zu spät, im Fall des Neandertalers um 100 000 Jahre zu spät, im Fall des *Taoteking* um mindestens 250 Jahre zu spät, im Falle der *Göttlichen Komödie* gleichfalls um 250, im Falle des *Urfaust* um 112 Jahre zu spät. Fast jede Benennung tut dem Benannten, Lamarck tat den Würmern und Kerftieren unrecht, indem er sie zu sogenannten Wirbellosen zusammenfaßte; ihnen somit einredete, es fehle ihnen etwas, nämlich Wirbel. Gleichwie eine vor 195–135 Millionen Jahre lebende Laufechse Proavis, Vorvogel, benannt wurde, obwohl sie an Ort und Stelle wenig von ihrem Streben nach Höherem oder Späteren wußte; gleichwie der Name Schädellose an den Lanzettfischchen oder der Name Zahnarme an den Erdferkeln nach wie vor frevelt, so entwendet der Name Vorsokratiker den ionischen Philosophen oder die Bezeichnung »Vorläufer des Impressionismus« William Turner den Eigenwert. Indem Leonardo von Oswald Spengler zugebilligt wird, der erste Impressionist gewesen zu sein, wird er zum Vorvogel. Wo der Pottwal nur mit Mühe zu den Haartieren des Aristoteles gerechnet werden kann oder zu den Vierfüßlern des 18. Jahrhunderts, unter denen die Eidechse problemlos rangiert, muß die ganze Klasse umgetauft werden, kommen Pottwal, Kuh und Gorilla unter der Flagge Placentatiere zusammen oder, um das placentalose Beutel- und Schnabeltier nicht draußen zu lassen, unter der Flagge Säugetiere. Wo Hölderlin, Kleist und Jean Paul weder in der Klassik noch in der Romantik zufriedenstellend unterzukriegen sind, finden sie zu einem Dreigestirn zusammen, das nie bestand.

Solche Systematik unterscheidet sich kaum vom Lallen des Volksmundes. Der kennt das Pferd und nennt nun, mit ausgestrecktem Fingerchen, das Nilpferd Nilpferd, das Seepferdchen Seepferdchen und das Heupferd Heupferd. Gott, von monistischer Seite gasförmiges Wirbeltier genannt, spielt jeden Tag eine Stunde mit den Walfischen, aber hinterher muß das durch Wildwuchs stolpernde, wohlerzogene Kind gut aufräumen. Jeder Bauklotz muß an seinen Platz kommen. Denn Gott gerät in Rage, wenn ihm ein gezähltes Sternlein fehlt. Aber das artige Spielzeug wehrt sich. Das Schnabeltier tut hinten und vorn so, am Schnabel und am Ei, als sei es kein Säugetier, sondern eine auf allen vieren laufende Ente mit Fell und Milch. Der Archäopteryx foppt seine Einteiler, indem er entweder als ein vorsintflutlicher, gebißtragender, ganz flugunfähiger Urvogel erscheint oder umgekehrt: als ein in flagantri beim Transzendieren erwischtes Reptil; vergleichbar nebenbei den soziologischen Opfern, die lieber zur oberen Mittelschicht als zur unteren Oberschicht sich rechnen lassen. Das Collagehafte und Falsifikathafte am Schnabeltier beleuchtet selbst am organisch gewachsenen Kunstwerk das Moment des Zusammengestückten. Im Surrealismus werden die Nähte fetischisiert, im Spätwerk Goethes werden sie immerhin nicht mehr geglättet. Tintenfisch und Walfisch heißen bis heute Tintenfisch und Walfisch; obwohl am Ende von *Faust II* kein Valentin fechtend auf die Bretter knallt, sondern sich alles paradisoartig in erdenrestlosen Glanz auflöst, nennt sich *Faust* nach wie vor Tragödie. Obwohl in der *Göttlichen Komödie* zigmal mehr Menschen zu Schaden kommen als im *Faust*, nennt sich die *Göttliche Komödie* nach wie vor Komödie. Umbenennungen schössen an ihnen vorbei wie der Eierleger oder das Säugetier am Schnabeltier.

> Jeder von ihnen empfindet nur den Schmerz des eigenen Körpers, nicht den seines Bruders. Jeder denkt nach den Eindrücken, die er empfindet, und der Taubere schweigt daher zuweilen, wenn sein Bruder auf eine Frage antwortet, während sonst freilich gewöhnlich Beide gleichzeitig anworten.
>
> Rudolf Virchow, *Die Siamesichen Zwillinge*, Vortrag 1870.

> Und sollte jemand sie dafür schelten, daß sie sich, ungeachtet sie bereits mit einem Kinde schwanger gehn, dergestalt pletzen lassen, da doch die Tiere, sowie sie trächtig sind, sich nie und nimmer von den Männchen bespringen lassen, werden sie dem entgegenhalten, dies seien eben dumme Tiere, sie aber Frauen, die sich wohl auf die schönen und vergnüglichen kleinen Rechte der Überschwängerung verstünden, wie einstmals, nach dem Bericht des Macrobius, *Lib. II Saturnalium*, Populia geantwortet hat.
>
> François Rabelais, *Gargantua und Pantagruel*, 1534.

Ontogenetische Fallstudie. Die aktive Schwangerschaft, einige Interruptionen nicht abgerechnet, dauerte zunächst drei volle Jahre. Ein kerniger Fötus zeichnete sich ab, der erst 112 Jahre später getauft wurde, und zwar auf den Namen *Urfaust*. Er blieb in unausgegorenem Status, wurde inoffiziell, wenn Zuhörer kamen, aus allen Winkeln des Zimmers gezogen, ungedruckt zurückgesteckt in die Bruthöhle. Dort, statt zu wachsen, drehte er Däumchen, blieb oskarhaft, klein. Dann, 1788, setzte er zwei weitere, besonders ebenmäßige Jahresringe an, möbelte einen schon vorhandenen Jahresring auf und kam als Frühgeburt auf die Welt, inkomplett: wichtige Körperteile fehlten, sogar lebenswichtige. Sieben Jahre verstrichen. Die Erziehung des Erdenbürgers, wenigstens eine ernsthafte Weiterbebrütung wurde nicht in Angriff genommen. Die ursprüngliche Befruchtung hatte nicht ausgereicht. Weitere Befruchtung, vor allem seitens eines befreundeten Schwangerschaftsberaters, der äußerst gespannt war auf den fertigen Filius, wurde nötig. Zum Osterfest des Jahres 1808, nach nunmehr insgesamt mindestens 33jähriger Schwangerschaft, trat Faust, der Tragödie erster Teil, ans Licht.

Schon vorher, jahrelang vorher, schrie er nach einem Brüderchen, einem Bruder, dessen Herzstück, das Helenabruchstück, zur Jahrhundertwende schon relativ durchgebraten war. Gleichwohl mußte der Erstgeborene weitere 17 Jahre warten, ehe die Schwangerschaft wieder aufgenommen, intervallweise, schubweise weitergeführt und einigermaßen die wachsende, enorme Frucht ausgetragen wurde. Kaum war sie reif, sich in die Welt zu wagen, bekam sie, wie Papageno, ein Siegel aufs Plappermaul, sie wurde ins Tiefkühlfach gesteckt. Und erst nach dem Ableben jenes Gottes, der Vaterfreuden und Mutterglück in seinem Busen vereinigte, trat die wunderbarliche Geburt ans schwache Licht einer Welt, die am ersten, sich prächtig entwickelnden Sohn ihre Freude hatte, aber sich an den zweiten, übergewichtigen Sohn nicht gewöhnen mochte. Gargantuahaft sprengte das frische Prachtexemplar die versiegelten Windeln. Teile der Nachwelt dichteten es dem Elefantenbaby an, es hätte viel zu lange im Brutkasten gesteckt, der sich gern als Mutterschoß vergöttern läßt, und deshalb sei es schon als Greis auf die Welt gekommen. Von fortan wandelten die ungleichen Brüder Hand in Hand über der Erde welkenden Pfad, der erste Bruder höchst kommunikativ, ja kumpelhaft: mit allen Onkels, die in die Wiege guckten, stellte er sich gleich auf Duzfuß, reimte ihnen die Ohren voll, bis diverse Sinne vergingen und jede seiner Lautäußerungen zum Volltreffer geworden war. Dagegen der zweite Bruder: trotz aller Plauderseligkeit und Reimroutine gab er sich von Anfang an als esoterisch Ausgeflippter. Wo der eine Bruder focht und Laute spielte, Leid rausschrie, stellte sich der andere cool, trällerte mystische Sprüche vor sich hin. Während der eine sofort eine reichliche Zahl von Mikroorganismen fand, die sich in seinem Pelz festsaugten, blieb der andere vorerst ohne Beachtung, so lange ohne, bis, nach Jahrzehnten, viele Flöhe übersprangen. Wäre zuerst der Zweite zur Welt gekommen, er wär, trotz der Hyperfülle seiner Widerstandskräfte, eingegangen, eben mangels Zuwendung. Solche zu erlangen, bedurfte er des forschen Auftretens und der plausiblen Leuchtkraft seines älteren, schmaleren Bruders, die seinem eigenen, fett unterstrichenen Leuchten behilflich war.

Der erste trat von Anfang an auf als Gebilde, das auf seine körperlichen Defekte, die mühsam nachwachsenden Extremitäten und Organe, sogar sich noch etwas zugute tat. Die üblichen Typen durften sich zwar sagen, organismusartig zu sein, einreden, Organismus zu sein: hier aber lag ein Invalidentum vor, das allen komplett daherhumpelnden Organismen davonsprang. Lieber gab es sich zeitweiliger Beinlosigkeit als irreparabler Totalitätslosigkeit in die Arme. Heterogenste Nährstoffe – absurd sich gebärdender Most, höllische Latwerge, protestantischer Sauerstoff, gotischer

Kernschatten, englische Luziferase – hatten miteinander hauszuhalten. Ein Herz, das spätestens vom ersten Monat an zu schlagen begonnen hatte, durchblutete die Fremdkörper und Fremdstoffe so lange, bis die meisten Druckgefühle abebbten und das Verlötete mit Gewachsenem verwechselt werden konnte. Krücken wurden körpereigen. Überstehendes brauchte nicht abgesäbelt zu werden. Nichts stand über; nichts hinkte – und die Knittel holperten absichtlich. Ihr Bärbeißiges stellte den Grundstock, ein solides Stützsystem für Doppelgebilde, dessen Hälften mit Vornamen Faust, mit Nachnamen I und II hießen. II, allem Knochenbau zum Trotz, sah in jeder seiner pränatalen und extrauterinen Phasen immer noch nach Morula aus, bestand aus locker verbackenen, von Furchen auseinandergehaltenen Kammern, Einzelstücken. In anderen Opern und Körpern war es bis dato stets so gewesen, daß alles mit fast allem verknüpft wurde, beispielsweise Auge mit Mund oder Sarastro mit Monostatos. *Faust II* gibt offen zu, daß nicht jedes Blutkörperchen beim Durchbluten jeden Körperteils helfen darf. Statt Adernbäume gibt es einen feuerroten Faden und hier und da einen Querbezug, organologisch inspirierte Koketterie oder ganz unverhoffte, plötzlich einsetzende Erinnerung, einschießendes Blut in absichtlich von der Zirkulation abgeklammerte Partien. Solche verhornten Körperglieder treten sogar wörtlich auf; das Laboratorium, worin sich *Faust I* unwohl fühlt, steigert sein thematisches Totsein und Mitgeschlepptwerden im zweiten Teil weiter. Die Uhr blieb stehen, aber bleibt zugegen. Die Altersunterschiede der einzelnen, aufgezogen durch stillgelegte Adern und scheinbare Freilichtszenen tuckernden Blutkörperchen und Teile sind beträchtlich: das Ferment Mephistopheles oder das Hormon Helena gab es alle schon lange vor Christus, derweilen Faust lediglich 500 Jährchen auf dem Rükken hat. Desgleichen die Herkunftsunterschiede; die Trimeter kommen aus Athen, die Knittel aus Nürnberg, Ariel über den Umweg England aus Mephistos hebräischer Wahlheimat. Im alttestamentarischen Posaunenstoß des Prologs schimmert Stammhirn des Hiobbuchs auf. Schon das Buch Hiob zeigt Nebeneinander und Übereinander von Alt und Neu: mythische Stammhirnmasse in Gestalt der göttlich/satanischen Ausgangsposition, poetische Großhirnmasse in Gestalt von Hiobs wörtlich angeführten Klagen und den Antworten seiner drei Freunde. Sowohl das Buch Hiob wie das Buch Faust, frei nach Haeckel, führt eine literaturgeschichtliche Rekapitulation der Gehirnevolution vor. Mit dem Unterschied, daß neu hinzukommende Hirnteile von innen nach außen wachsen, um sich dann, als kämen sie von außen, um ihren Kern zu schmiegen, daß hingegen Amplifikationen und Interpolationen in frühe, ungenügende Schriftwerke umgekehrt von außen in den lapidaren Kern hineinpraktiziert werden müssen. Goethe, für Rufe solcher Art empfänglich, erlaubte sich folgenden Eingriff: Er löste behutsam biblisches Stammhirn aus dem ungleichmäßig durchbluteten Organismus der Bibel heraus, entfernte alle poetische Rinde, die sich zum eigentlichen Inhalt aufgeschwungen hatte, als Poet war er hierzu berechtigt, bedeckte schnell noch die Blöße der puren Hirnmasse und stellte sie als ein nunmehr ihrerseits Hinzukommendes vor schon vorhandener Poesiemasse, vor den losen Urfaustszenen, auf. Deren Trauben hingen schon, bereit, gepflückt zu werden, freihändig in der Luft, als die Krücke des Stützstabes es nötig fand, sich dazuzugesellen. Dem scheinbaren Puzzle sollte die täuschende Organismushaftigkeit des runden Werkes erteilt werden. Jetzt, nachdem der Hiobsche Himmelsstreit mit einheitsstiftenden Knitteln neu eingekleidet, umfunktioniert worden war, gab es quasi kein wirkliches Stammhirn mehr. Jetzt erschien auf einmal das eigene Jugendfabrikat, eben Urfaust, als ein hirnrindenartig zu

Umkleidendes, als ein Ältestes, um das sich, nach und nach, andere Schichten gelegt hatten, gelegt oder hineingeschlichen, Jahresringe einer Reifung, die das Paradox einer evoluierenden Idee mit sich brachte: den poetischen Ring, der die beiden feindlichen Brüder I und II zwingt, sich einander in die weggedrehten Gesichter zu hauchen – und dies ohne Aussicht auf operative Trennung, ohne Aussicht auf Freiheit oder Ruhestand.

Denn die gesamte Lebensdauer der beiden Brüder gibt sich von Hause aus als eine enorme. Beide gehören zur Gattung der Mammutbäume. Mit ihren 4000 Jahren Lebenserwartung brechen sie alle Rekorde. Sie müßten im Grunde, wie die tatsächlichen Mammutbäume, in Amerika wurzeln. Die Körperteile der Brüder altern in unterschiedlichem Tempo. Die 500 Säue aus Auerbachs Keller und Gretchens kleiner Welt sind immer jung; möglicherweise überlebt das Saufgelage zu Leipzig im *Faust* die empirische Altstadt Leipzigs, gleichwie siamesische Katzen und Zwillinge den überholten Namen Thailands überlebten. Ci-Devant Genius der Zeit dagegen, Zoilo-Thersites und Oreas, werden unerweckbar, samt Anmerkungsapparat, mitgezogen, weil sie nun einmal erstens von Anfang an dabei waren und zweitens nachweislich von Goethe sind. Die Trittbretter dieser Arche biegen sich unter den Klumpfüßen unanschaulicher Schwarzfahrer.

Übrigens kam vier Jahre nach der Ausstoßung der zweiten Frucht noch eine Nachgeburt hinterhergekleckert, einzelne Epithelfetzen, die augenblicklich von zwei Hospitanten namens Riemer und Eckermann abgefangen, umgemodelt, getauft und veröffentlicht wurden, getauft auf den Namen Paralipomena. Sie mußten später von den Fingerabdrücken Riemers und Eckermanns gereinigt, neu sortiert werden. Über 250 Stück kamen zusammen; sie hängen der vielteiligen Mehrfachgeburt im Schlepptau, nur um ein kleines sterblicher als diese.

Impressionismus auf freier Wildbahn. Bevor Gipsfigur, steinerner Apostel und Moorleiche sich die weißen, grauen und schwarzen Hände reichen, wird es des öfteren farbenfroh. Die alternde Sonne produziert Abendrot, Maler Herbst bunte Wälder, Pfirsiche mit Streifen. Im besten Mannesalter brilliert die Malereigeschichte im düsteren Atelier; erst auf den scheinbaren Schluß zu springen die Türen nach außen auf, löst sich alles in bunte, schattenlose Pünktchen auf. Wo der Tod im Rücken liegt, entfaltet Verwesung ihre Palette. Und wo der Tod umgangen wird, in Korallenwäldern, in zentralafrikanischen Savannen, überhaupt in jeder Art Impressionismus, wird er mit Hilfe von Farben umgangen. Das getarnte Antilopenkitz tut, als sei sein lichtfleckdurchperltes Ambiente jetzt schon ohne Beute: scheinbares Nichtvorhandensein schiebt, wie Schlaf, faktisches Nichtvorhandensein in die Zukunft. Lebenswichtig wird für das getarnte Kitz wie für den getarnten Leoparden, daß sie nicht gesehen werden: beide werden gesehen vom Kamera-Team, das beide einfängt ins Rechteck eines Monitors, den Bildrahmen eines kinetischen Gemäldes. Das Kitz hellt mit seiner hellgefärbten Bauchseite den Schatten, der sich dort ansammeln möchte, auf. Das Licht des von oben kommenden Mittags wird von der dunkleren Rückenseite abgefangen und dem Mischton der Bauchseite angeglichen: solcher Kampf gegen den Schlagschatten wird bei den impressionistischsten Impressionisten zur Untreue gegen Pompeji und Giotto, die Stammherren der dritten, täuschenden Dimension, bei Claude Monet zur Abneigung gegen das von Manet und vom frühen Monet oft verwendete Schwarz. Andernorts werden, umgekehrt, die Farben, vor allem deren Nuancen, losgelassen. Die Rückmündung mancher voll entfalteten Malerei ins Graphische hängt mit dem mehrfarbigen Urpferd zusammen, das sich zum Zebra skelettiert, um nicht im Flimmern der Steppe als Klumpen herumzustehn. Wo Antizipationisten vom schwarzweißen Pointillismus des Perlhuhns sprechen, und von seiner hohen Auflösungsqualität, oder vom Cloisonnismus des Schabrackentapirs und der Aufspaltung seiner Masse in drei monumentale Zebrastreifen, auseinanderdriftende Blöcke, sprechen Mimesisten von der mit kleinstem Pinsel tupfenden Perlhuhnhaftigkeit des Pointillismus sowie vom schabrackentapirartigen Ansatz allen Schwarzweißspachtelns. Kunstwerken, die mit Recht von der Kritik »flächenhaft« gescholten werden, mangelt es am Schatten, den manche Fische überwinden, indem sie zu Bodenbelägen werden, zum Rochen, zur Scholle, zum Butt. Diese Fische gehen in die Fläche zurück, in der ohnedies alles Geschriebene und Gemalte formal verharrt. Aus realer Fläche heraus baut Geschriebenes imaginäre 3-D-Welten auf, aus realer Fläche heraus liefert im 19. Jahrhundert Gemaltes die überzeugendsten Fernsichten. Aus scheinbarer Fläche heraus, deren Geplänkel er sich anschmiegt, agiert der ewige, vollplastische Panther. Im Gegensatz zum Buch, zum gerahmten Bild, die sich so totstellen wie Mistkäfer und Rohrdommel, stellen sich Buchinhalt, Bildinhalt, unkinetische Vision lebendig. Das Stillestehn der Rohrdommel täuscht: ihr vertikal im Schilf aufgestellter Schnabel dschunkelt in der Gesamtbewegung der windbewegten Rohre windmimetisch mit. Die Bewegung der Gewässer und Lokomotivwolken Claude Monets täuscht: im stagnierenden Flimmern der Punkte und Pünktchen wird sichtbar, was nicht flimmert. Nichts bewegt sich wirklich und nichts hält wirklich still, hier wie da werden Scheinbewegung und Scheintod nicht dauerhaft durchgezogen. Wird unter dem unsichtbaren Leoparden die besonnte, mannigfarbene Unterlage weggezogen, sofort bekommt er vom Buschwerk die Flecken, von denen er nichts weiß, zurück; sofort bekommt er seine beim Anpirschen keine Sekunde losgelassene Körperform zurück: flunkernde Malerei wird zur eindeutigen Plastik. Noch das avancierteste Auseinanderschäumen der ungemischten Atome, immer beisammengehalten vom festgehaltenen Bildrahmen; noch der farbige Schneefall Seurats und Signats, der immerhin schon Ausschau hielt nach den Rasterpunkten der Pop-art, blieb jederzeit der dritten Dimension treu, nämlich indem sich das Aufgelöste auf die optische Mischung im Betrachterauge genauso verläßt, wie das Lichtgeflinker auf der Retina sich auf den Verstand verläßt, durch dessen Hinzutreten die absolut aussagelosen Flecken zur verbindlichen Konfiguration zusammenschießen. Um dem Schicksal der Ateliermalerei zu entgehen, dem Fossilieren bei lebendigem Leib, hatte sich der Impressionismus eingelassen auf oktoberlich farbenfreudige Formauflösung. Er hatte aber den entscheidenden Schritt, dorthin, wo Formauflösung irreparabel, nämlich zum puren, novemberlichen Zerfall wird, nicht vollzogen. Das Changieren zwischen dritter und zweiter Dimension schlug plötzlich um in eine Scheu vor den Konsequenzen der Fläche; deshalb floh man an den klassischen Ort dreidimensionalen Malens zurück, zurück ins überwundene Atelier; deshalb griff der alternde Monet erneut zum Schwarz, dem schattenspendenden Gegengift gegen das auf Dauer unergiebige Nirwana fast in Sicht gekommener, leerer Leinwand. Das erneute Bekenntnis zur Form, die Fülle der Rückfälle, die Zahl der Verstöße gegen den Geist des Impressionismus, dies alles stieg hervor aus Todesangst.

Das Erspähen der Beute präludiert humaner Kontemplation. Das Zerreißen des Kitzes vereinigt Bildersturm und Kunstgenuß. Beutetiere leben davon, nicht gewittert, nicht gesehen zu werden; Kunstwerke vom Gesehenwerden, Gelesenwerden, Gehörtwerden, vom Verstandenwerden wie vom Mißverstandenwerden. Konsumenten, die von sich behaupten, ohne Kunst nicht leben zu können, gleichen

Raubtieren, die ohne Beutetier tatsächlich nicht leben können. Dinge, die ihren Dichter suchen, veranlassen Gedichtetes, das Käuferschichten sucht. Gedichtetes, das seinen Rezipienten allzu unverhohlen sucht, wenig im Sinn hat als vor allem ihn, rennt dem Fresser in Augenhöhe und mundgerecht entgegen, so, als wüßte es um die Unausweichlichkeiten des biologischen Gleichgewichts. Existenzsüchtige Kunstwerke liegen lieber masochistisch und knallbunt im Schaufenster, als daß sie in stiller Präsenzbibliothek stünden. Andere Kunstwerke dagegen zeigen immer wieder ungesellige Schultern, stellen sich nach außenhin cool und schwerverständlich. Hochtrabend tun sie so, als kämen sie ohne den Zuspruch und Andrang der Menschenkinder aus. Manche Bücher drohen mit der Schrecktracht unauslesbarer Dickbäuchigkeit. Manche Texte sind, um das Auge zurückzustoßen, kleingedruckt. Eine von Vasari ausgemalte Kirchenkuppel in Florenz kann selbst vom weitsichtigsten Auge nicht herangeholt werden. Manche Werke übertreiben ihre Unansehnlichkeit. Abfallkunst spielt ins Anorganische, ähnelt sich schierem Abfall an, ähnelt sich Steinfischen, Magrittes Ziegenmelkern an, Stabschrecken, Wandelnden Blättern, Spannerraupen. Diese alle verbringen ihr Quantum Leben lieber in Gestalt abgebrochener Stiele, angeknabberten Laubs, lieber als Scheinholz und Pseudostein: manche Käfer nehmen lieber die Gestalt von Kotklumpen an, als daß man in organischer, würdiger Gestalt, als sinniges Tier, als Unverwechselbarkeit, sich kaum vergrößerter Gefahr aussetzte; auch getarnte Wesen werden permanent gefressen. Im Gegensatz zum Wandelnden Blatt, das, sobald es nicht wandelt, wie ein Lehmhaus in lehmiger Landschaft, im Blattwerk aufgeht, gehört liegenbleibende Gerümpelkunst zu jener Sorte von Hervorbringungen, die absichtlich von ihrer Unterlage absticht. Ein Zitat der draußen gehaltenen Umwelt wird auf ein gediegenes Podest gestellt. Dort sitzt dann das Exponat wie der Fuß des Froschkönigs auf der Marmortreppe. Das fiese Häufchen, das sogar ins Spätwerk Thomas Manns hineinfand, ohne sich dort auszubreiten wie schwärzlich verknotete Köttel im Œuvre von Günter Grass, hat sich in den Modern Arts aufgeschwungen zum Alleinunterhalter. Beim Verwesen erwischte Klumpen, Fettbatzen, Filzmulm, zur Rostbildung gezwungene Drahtplastik, Künstler-Scheiße, eingeschweißt in Dosen, vollurinierte und vollgewichste Leinwand: sie alle wenden sich weniger an das reine Subjekt des Erkennens als an die Ansprechpartner Brechzentrum, Lachmuskel, Schimpfbedürfnis, Bankkonto. Im alten China richtete sich ein Kaiser, der der pausenlosen Schönheiten überdrüssig war, einen Zweitharem ein, »das Kloster der begehrenswerten Monstrositäten«. Derweilen der gaukelnde Schmetterling in den Kompetenzbereich des Kitsches sank, wird das pockige, schorfige Raupenstadium gefeiert, mit denselben »Bitte nicht berühren!«-Schildern behängt wie Apollo und Jungfrau Maria. Restlos Zerbrochenes will zerbrechlich sein. Würden die unerlöstesten Gebilde der Objektkunst von einer Königstochter an die Wand geklatscht, damit ihnen wenigstens aus ihrem Bann herausgeholfen würde, hinein in den Bann der Happenings, die betroffenen Häufchen und Objekte würden sich mit ihren Quasirümpfen, ihren Querstangen, ihren Warzen, ihrer Masse sträuben, so heftig wie möglich. Erlöserei kommt für sie nicht in die Tüte, so was haben sie hinter sich.

Aus dem Leben der Fossilien. Im namhaften Dunkel, das den Ursprung des Lebens und den Ursprung der Kunst zudeckt, steuerten Makromoleküle der Ursuppe leblos auf die Schwelle des Lebens zu; steuerte Gehör des Homo erec-

Abb. 39 Zeichnung von Zdeněk Burian, 1957

tus wortlos auf die Schwelle zur Gesangskunst zu. Glasiges, schwappendes Mysterium, ohne Hartteile bereitzuhalten zu fossiler Einbettung, erfreute sich seiner zunächst vorhandenen, potentiellen Unsterblichkeit, während bei prähistorischen Lautäußerungen wenig verlorenging, wenn sie einem Nachfahr eingetrichtert wurden, der ein schlechteres Gedächtnis als der Vater oder der Lehrer mitbrachte. Schlechtes Zuhören gebar globale Sprachentwicklung; schlechtes Gedächtnis nötigte zur Schrift. Vererbung und Literatur begannen als zwei Versuche, durch die Vibration abdankender und aufsteigender Wesen hindurch eine Kontinuität der Gesamtperspektive sicherzustellen. Es geht um die vorübergehende Haltbarmachung wichtiger Inhalte. Hierbei stand zeitweise Gregor Mendel Gevatter, der Vater der Genetik, zeitweise Guido von Arezzo, der Vater der Notenschrift; dieser spielte mit Notenköpfchen, jener spielte mit Erbsen; jener entdeckte Vorliegendes, dieser schuf eine Vorstufe zu einer Methode, wie zumindest innerhalb eines Gebiets verläßlicher zu vererben sei als vorher. Das Festlegen und Tradieren plusterte sich weitwuchernd auf; um so mehr bekam der anfangs fast unnötig gewesene Tod zu tun. Überall, wo irgendein Buch zurückgestellt, abgegeben, verschlossen, versteckt, konfisziert, mit sieben Siegeln versehen oder schlicht zugeklappt wird, legen sich drückende Sedimente aufs vielleicht noch gar nicht einbettreife Objekt. Dieses wird in einem Atemzug geschützt und erstickt. Die Unaufmerksamkeit rechtzeitiger Aasfresser am Sterbeort, oder ihr Ausbleiben, ermöglichte der jeweils verschonten Materie ein insgeheimes Dauern. Der Flair des Ungelesenen geht über in die Aura des Niegeschriebenen.

Überall, wo auf einmal oder allmählich ein Buch, nach längerer Warteperiode, wieder aufgeschlagen wird, kommt einströmender Sauerstoff zum Zuge: versteinerte Wälder, die ausgegraben werden, sind vor Verwitterung und Verwertung so wenig gefeit wie Bibliotheken, zerlesen zu werden. Aus petrifizierten Fußspuren, in die keins der bekannten Skelette hineinpaßt, wird, mit Hilfe eines philologischen Korrelationsgesetzes à la Cuvier, das komplette Aussehen verschwundener Arten abgelesen, samt andersgewesenem Milieu – wobei der Philologe von der Leseratte, der Paläontologe vom Fossilienjäger verniedlicht und zeitweise überboten wird. Manche Phänomene hinterließen nicht einmal Fußspuren. Die meisten Vorsokratiker überlebten als mehr oder weniger angegriffener Mageninhalt späterer Autoren, Empedokles streckenweise im Magen des Aristoteles; sodann in den Mägen von Autoren, deren Schriftliches noch später ebenfalls verlorenging, seinerseits auf Schutzorte, weitere Mägen, angewiesen blieb, am besten auf solche Mägen, die ihre Aufgabe, dem Verdauen, nicht nachkamen, will sagen: auf Autoren, die unselbständig oder pietätvoll genug waren, sich Zitatentreue zu loben. Die Lehre des Empedokles, daß erst halslose Köpfe der Erde entsprössen, schulterlose Arme, Stirnen vermissende Augen umherirrten, ehe sich alles zu geschlosseneren Figurationen zusammentäte, traf böse auf seine eigene Überlieferung zu: Als Bröckchen und aufleuchtende, halbe Augen wandern seine Worte durch die Zeit, klumpen sich halbwegs zusammen. Immerhin erging es ihrer Authentizität besser als den mahayana-buddhistischen Schriften. In deren Fall war die Magensäure eine krokodilisch gründliche: Eisen verdauende Krokodile verändern das Verschlungene ebenso augenblicklich und eingreifend wie chinesische und tibetische Übersetzer die ausgestorbenen Sanskritoriginale. Oft war nicht vom Darminhalt auf Mageninhalt zu schließen, sondern förmlich von der Blüte auf die Frucht, genauer gesagt: von den Kotanteilen der Erde, aus der die Blume kam, auf die am Anfang gegessene Frucht.

Dann wieder stiegen annähernd komplette Fragmente aus der aufgewühlten Erde, unglaublich unverwandelte. Sie schlugen sich mit anderen Problemen herum. Das eine oder andere Fragment erwies sich als Venus von Milo, als Gebilde, dessen fehlender, berühmter Unterarm von keinem der hundert herandrängenden Ergänzungsversuche ersetzt wurde. Jedes Korrelationsgesetz rackerte sich erfolglos an der Bruchfläche ab; erfolglos, weil es in puncto naturgeschichtlicher Bruchstücke lediglich den Typus, weiter nichts, zu ergänzen gilt. Andere, oft völlig unzerstückelte Funde hatten andere Aktivitäten und Zumutungen über sich ergehen zu lassen, etwa Nonnos von Panopolis geschlossenen Auges diese Zumutung, unter dem Stichwort »Homer-Epigone« abgebucht zu werden, soll sagen, als Fossilien-Fan. Tatsächlich wollte im Zeitalter der Mönchsbiographien und Evangeliumsnachdichtungen seine *Dionysiaka* immer noch Brontosaurier spielen. Statt sich ans Ausgestorbensein zu halten, entschied sie sich prustend und klingend zu einem Leben, das weitere 1000 Jahre lang eher wie Tod oder Scheintod aussah. Inzwischen ist die wissenschaftliche Bergung als abgeschlossen zu betrachten: der beim Übersetztwerden in eine lebende Sprache aufglühende, ungeheure Kadaver darf aufs neue erkalten. Lebende Fossilien werden in Literatur und Kunst nicht geduldet; wer auf der Stelle tritt, muß hinunter – im Gegensatz zu Hydra, Quastenflosser, Schildkröte, Gingkobaum, die es allesamt zur Saurierzeit wie zur Goethezeit unbeirrbar gab. Dichterfürsten sonnen sich zwar in pointierter Zeitlosigkeit, aber irgendwie sind sie neuerdings einfach nicht mehr so richtig zeitgemäß. Überlebendes soll in jedem Fall Überlebtes sein, kein Asylrecht bot Ernst Haeckel den faktischen Fossilien im offiziellen Leben seiner rauschenden Stammbäume. Nichts durften die Fossilien im steinhaft statischen Be now here des Linnéschen Systems zu suchen haben; Linné schob sie ab ins Reich der Steine.

Solche diskriminierende Fehlinterpretation löste vorher gewesene, wesentlich wohlmeinendere Fehlinterpretationen ab, den üblichen Glauben, die Figurensteine, zu denen nicht bloß Petrefakte, sondern auch seltsame echte Steine und Faustkeile gerechnet wurden, entsprängen im Zeitvertreib der spielfreudigen Mutter Natur, dieser großen Künstlerin; seien also als Manna oder Meteore zu betrachten, über der Erde aus dem Ärmel geschüttelter Kleinkram, Geschwister der vom Menschen stammenden Kunstwerke: beide, Menschenwerke und Naturspiel, sammelbares Geplänkel. Bestimmte literarische Wahrheiten, oder Inhalte, forderten wieder eine andere Art von Fehlinterpretation: im Mittelalter gefundene Mammutknochen waren Bleibsel des Heiligen Christophorus; in China gefundene Skelette wurden seitens Konfuzius als Knöchel des Giganten Windhalter interpretiert, der war in alten, unheiligen Zeiten vom großen Yü, eines kleinen Versäumnisses wegen, abgeschlachtet worden. Der homerische Polyphem, Arm in Arm mit Windhalter und Christophorus, bedarf der nachhomerischen Verifikation seiner eigenen Historizität, um immerhin dagewesen zu sein; erweist sich also als angewiesen auf Empedokles, der fossile Zitate sizilianischer Zwergelefanten begutachtete und in ihren Nasenlöchern kyklopische Einäugigkeit sah. Ja, Polyphem bedarf sogar der vorhomerischen Knochenfinder, um überhaupt erst ein relatives, nach nachträglicher Legitimierung suchendes Dasein zu erlangen; allein auf der Grundlage von Elefanten hätte er das nicht geschafft.

Im Angesicht eines solchen delikaten Punkts, dort, wo ein scheinbar lebendes Fossilium, das homerische Versepos, stellenweise von einer seiner Vorbedingungen, ausgereckten Gliedern, deutbarem Gebein abhängt, also wo auftauchende Nichtigkeiten vom Blick des aufleuchtenden Finders gleichsam entnichtigt, entnüchtert werden, geht Fehlinterpretation in jene Wahrheit über, die in einem solchen Blick liegt. Der zunächst belangarme Anlaß verdampft im Blick, während der faktische Fossilienfälscher das Belangarme bloß aufmöbelt. Beide werten Wertloses auf, färben

Farbloses, wärmen Temperaturloses, durchseelen Wesenloses oder wesenlos Gewordenes; ja retten es, indem der Falsifikateur unwichtiges Stückwerk von sechs verschiedenen fossilen Individuen zur bombastischen, einheitlichen Alligatorschildkröte, einem Meisterstück der traditionsreichen Öhninger Fossilienwerkstatt Mitte des 19. Jahrhunderts, zusammenlötet, beziehungsweise, indem er keltische, todgeweihte Krümel zu *The Works of Ossian* werden läßt, an denen Herder und Werther entflammten. Und diese Krümel fälschen, retten das Versunkene, indem sie die Flamme auch dann auf anderen Wegen weiterspringen lassen, wenn herauskommt, daß das Streichholz geschummelt hat.

Als zielsicherster Auslöser von Erinnerung, von aktualisiertem, auferstandenen Gefühl, als Weckruf, als Posaune fungiert Schrift, fossiliertes Gefühl, gebunden an Stein, also vorsintflutliches Holz; oder an Holz gebunden, also an weichgewordenen Stein; oder neuerdings an Papier gebunden, also an leichtgewordenes Holz, an gebundenes Papier, an Bücher von Holzklotzgewicht; oder an das Material der Computer-Monitore. Fossilien, ohne das vorher gewollt zu haben, sind der Inbegriff extremer Haltbarkeit; Keilschrift und Schrift, bei Dienstantritt, wollen unbedingt haltbar sein, wenigstens haltbar bis 99. Sie wollen nichts anderes. Sie wollen lieber nie decodiert werden, als daß sie sich überhaupt nicht auf einem möglichst harten Stein, womöglich versteinertem Holz, verankerten. Das Einmeißeln von unbeweglichen Lettern nahm später, um schneller zu werden, die Kurzlebigkeit des Holzes in Kauf, wurde über- und unterboten vom Runen-Einritzen in die hanebüchene Vorstufe des Buches, bloßes Buchenholz. Das Bedürfnis nach Mobilität stieg jederzeit an; schon ganz früh war die festgegründete Gesetzessäule transportabel geworden, hatte sich aufgelockert zu Gesetzestafeln; Moses erlöste Hammurabi von dessen Sessilität. Die Ähnlichkeiten zwischen Schrift und genetischem Code, nachdem Papier erfunden worden war, vergrößerten sich. Immer subtilere Details konnten festgehalten werden. Das Mitzuteilende, oder besser: das sich Sedimentierende, gefährdet vom Nichtmehrsteinsein des Papiers, das immer holzfreier wurde, sprang von Papier zu Papier, rasch vergilbendem Papier, brennbarem Papier, lappig und fleckig werdendem Papier; sprang über als Heuschrecke, die nichts vertilgt, als Flamme mit häufig wechselndem Wohnsitz, nomadisch überlebend. Beschriftete Steine, angesiedelt als annähernd ewige Quastenflosser zwischen Epigrammen auf antiken Grabmälern 800 v. Chr. und Beton, diesem beschriftbaren Steinersatz, zogen sich aus der Literatur zurück – ohne auszusterben. Auf Friedhöfen pflegen sie mit Blumen, Wachsblumen und Leichen nonverbale Nachbarschaft. Sie überlebten die Klasse der Holzkreuze. Sie rüsten sich, pro Beerdigung, für eine Ewigkeit, der sie nichts Unersetzliches mitzuteilen haben. Daß jedem ersetzten Menschen ein unnötig dauerhafter Denkstein gesetzt wird, versucht die baldmöglichste, nur durch Geld mittelfristig rauszuzögernde Umpflügung des Wegwerfgrabs auszugleichen. Steine, die Jahrtausenden unverwitterte Stirnen bieten könnten, werden gehindert, wirklich Stein zu sein. Steinsterben befällt die Steine, die als Attrappen ihrer selbst im sauren Regen stehn und Fließbandbotschaften verkünden, für die Umweltpapier zu schade wäre. In diesen Zitaten, Namen und Zahlen komprimiert sich ein ganzes Leben zur eingesperrten, niegewesenen Quintessenz. Diese tote Sprache karikiert alles, was ununterbrochen weiterzüngeln, dringend überleben will.

Wenn ein Mindestmaß an Überleben garantiert wird, läßt sich das Überlebende alles gefallen, sogar dieses, daß es als Abkürzung, als Verkapseltes, als Mumie, als Fossil, als Gipsbüste, als Buch, kurz, als Totes überlebt. Nationale und internationale Forschungs- und Gedenkstätten klassischer Literaturen und Naturhistorische Museen in Übersee und hierzulande bombardieren reglos die knapp noch bewegungsfähigen Besucher mit den mürben Resten teils angestrebter, mißlungener Überlebensversuche, teils mit unfreiwilligem Übrigbleiben, durchlöchertem Übrigbleiben, schlechtem Übrigbleiben. Da liegen, stehen, hängen, umsonst mit Schildchen versehen, kambrische Reliefplatten, ägyptische, akkadische, babylonische Tafeln, voll mit Trilobiten und Taten Gilgameschs. Sie liegen und stehen mit am lapidaren Gaumen festgeronnener Zunge, erforschbar, erforscht, beredt in ihrer anfänglichen, per Wissenschaft überwundenen, absoluten Unlesbarkeit, stumm, vierschrötig, fremdelnd, das Beste, das sie nie besaßen, behaltend, jederzeit auch dann für sich behaltend, sobald man sie stockend, jubelnd, restlos decodiert.

Abbildungsnachweise

Die Abbildungen 15, 18, 19, 29, 30, 32, 33, 34, 35, 36, 37 beruhen auf Radierungen der genannten Künstler aus der Graphikmappe »Odradek«, die zu der Erzählung *Die Sorge des Hausvaters* von Franz Kafka erstellt wurde. Sie erschien 1971 im Steintor Verlag Rudolf Jüdes, Burgdorf/Hannover. Wir danken dem Verlag für die Vorlagen.

Abbildungen 4, 11, 14, 15, 16, 20, 25, 30, 34: © VG Bild-Kunst, Bonn, 1990.

Ästhetik
in der edition suhrkamp

Bachtin, Michail M.: Die Ästhetik des Wortes. Herausgegeben und eingeleitet von Rainer Grübel. Aus dem Russischen übersetzt von Rainer Grübel und Sabine Reese. es 967

Benjamin, Walter: Das Kunstwerk im Zeitalter seiner technischen Reproduzierbarkeit. Drei Studien zur Kunstsoziologie. es 28 und es 3305

Böhme, Gernot: Für eine ökologische Naturästhetik. es 1556

Bohrer, Karl Heinz: Ohne Gewißheiten. Gegen eine Revision der Moderne. es 1968

– Der romantische Brief. Die Entstehung ästhetischer Subjektitvität. es 1582

Bubner, Rüdiger: Ästhetische Erfahrung. es 1564

Bürger, Peter: Theorie der Avantgarde. es 727

Deleuze, Gilles: Die Logik des Sinns. Aus dem Französischen von Bernhard Dieckmann. es 1707

Digitaler Schein. Ästhetik der elektronischen Medien. Herausgegeben von Florian Rötzer. es 1599

Foucault, Michel: Raymond Roussel. Übersetzt von Renate Hörisch-Helligrath. es 1559

Frank, Manfred: Einführung in die frühromantische Ästhetik. es 1563

Gombrich, Ernst H. / Julian Hochberg / Max Black: Kunst, Wahrnehmung, Wirklichkeit. Aus dem Englischen übersetzt von Max Looser. es 860

Hertz, Neil: Die Spiegelung des Unsichtbaren. Die Psychoanalyse und das Erhabene. Aus dem Amerikanischen von Isabella König. es 1939

Koch, Gertrud: Die Einstellung ist die Einstellung. Visuelle Konstruktionen jüdischer Geschichte. es 1674

Kristeva, Julia: Mächte des Grauens. Ein Versuch über den Abscheu. Aus dem Französischen von Xenia Rajewski. es 1684

Lacoue-Labarthe, Philippe: Die Nachahmung der Modernen. Aus dem Französischen von Thomas Schestag. es 1708

Lejeune, Philippe: Der autobiographische Pakt. Aus dem Französischen von Wolfram Bayer und Dieter Hornig. es 1896

de Man, Paul: Die Ideologie des Ästhetischen. Aus dem Amerikanischen von Jürgen Blasius. Herausgegeben von Christoph Menke. es 1682

Mayer, Hans: Versuche über die Oper. es 1050

Penck, A. R.: Mein Denken. es 1385

Platschek, Hans: Porträts mit Rahmen. Picasso, Magritte, Grosz, Klee, Dalí und andere. es 1086

Übersetzung und Dekonstruktion. Herausgegeben von Alfred Hirsch. es 1897

309/1/12.96

Literaturwissenschaft in der edition suhrkamp

Bachtin, Michail M.: Die Ästhetik des Wortes. Herausgegeben und eingeleitet von Rainer Grübel. Aus dem Russischen übersetzt von Rainer Grübel und Sabine Reese. es 967

Barthes, Roland: Der entgegenkommende und der stumpfe Sinn. Kritische Essays. Band III. Aus dem Französischen von Helmut Becker. es 1367

– Kritik und Wahrheit. Übersetzt von Helmut Scheffel. es 218

– Literatur oder Geschichte. Aus dem Französischen übersetzt von Helmut Scheffel. es 303

– Mythen des Alltags. Deutsch von Helmut Scheffel. es 92 und es 3309

– Das Reich der Zeichen. Aus dem Französischen von Michael Bischoff. es 1077

– Semiologisches Abenteuer. Aus dem Französischen von Dieter Hornig. es 1441

– Das Spiel der Zeichen. Ein Lesebuch. Herausgegeben von Raimund Fellinger. es 1841

Benjamin, Walter: Das Passagen-Werk. 2 Bde. Herausgegeben von Rolf Tiedemann. es 1200

– Versuche über Brecht. Herausgegeben und mit einem Nachwort versehen von Rolf Tiedemann. es 172

Bertaux, Pierre: Hölderlin und die Französische Revolution. es 344

Bildlichkeit. Herausgegeben von Volker Bohn. es 1475

Boal, Augusto: Theater der Unterdrückten. Übungen und Spiele für Schauspieler und Nicht-Schauspieler. Aus dem brasilianischen Portugiesisch von Henry Thorau und Marina Spinu. es 1361

Bohrer, Karl Heinz: Die Kritik der Romantik. es 1551

– Ohne Gewißheiten. Gegen eine Revision der Moderne. es 1968

– Der romantische Brief. Die Entstehung ästhetischer Subjektitvität. es 1582

Bovenschen, Silvia: Die imaginierte Weiblichkeit. Exemplarische Untersuchungen zu kulturgeschichtlichen und literarischen Präsentationsformen des Weiblichen. es 921

Brackert, Helmut: Bauernkrieg und Literatur. es 782

Brecht-Journal. Herausgegeben von Jan Knopf. es 1191

Brecht-Journal 2. Herausgegeben von Jan Knopf. es 1396

Briegleb, Klaus: »1968«. Literatur in der antiautoritären Bewegung. es 1669

Buch, Hans Christoph: Die Nähe und die Ferne. Bausteine zu einer Politik des kolonialen Blicks. es 1663

310/1/12.96

Literaturwissenschaft in der edition suhrkamp

Bürger, Peter: Aktualität und Geschichtlichkeit. Studien zum gesellschaftlichen Funktionswandel der Literatur. es 879

– Theorie der Avantgarde. es 727

Dedecius, Karl: Poetik der Polen. Frankfurter Vorlesungen. es 1690

Dekonstruktiver Feminismus. Literaturwissenschaft in Amerika. Herausgegeben von Barbara Vinken. es 1678

Deleuze, Gilles: Kritik und Klinik. Aus dem Französischen von Joseph Vogl. es 1919

Deleuze, Gilles / Félix Guattari: Kafka. Für eine kleine Literatur. Aus dem Französischen von Burkhart Kroeber. es 807

Deleuze, Gilles / Claire Parnet: Dialoge. Aus dem Französischen übersetzt von Bernd Schwibs. es 666

Deutschsprachige Gegenwartsliteratur: Wider ihre Verächter. Herausgegeben von Christian Döring. es 1938

Federman, Raymond: Surfiction: Der Weg der Literatur. Hamburger Poetik-Lektionen. Aus dem Amerikanischen von Peter Torberg. es 1667

Fellinger, Raimund: Paul de Man - Eine Rekonstruktion. es 1677

Felman, Shoshana: Der Wahnsinn und das Literarische. Aus dem Französischen von Dieter Hornig. es 1918

Fragment und Totalität. Herausgegeben von Lucien Dällenbach und Christiaan L. Hart Nibbrig. es 1107

Frank, Manfred: Gott im Exil. Vorlesungen über die Neue Mythologie. II. Teil. es 1506

– Der kommende Gott. Vorlesungen über die Neue Mythologie. I. Teil. es 1142

– Motive der Moderne. es 1456

Genette, Gérard: Palimpseste. Die Literatur auf zweiter Stufe. Aus dem Französischen von Wolfram Bayer und Dieter Hornig. Herausgegeben von Karl Heinz Bohrer. es 1683

Hahn, Barbara: Unter falschem Namen. Von der schwierigen Autorschaft der Frauen. es 1723

Hart Nibbrig, Christiaan L.: Die Auferstehung des Körpers im Text. es 1221

Hecht, Werner: Sieben Studien über Brecht. es 570

Hijiya-Kirschnereit, Irmela: Was heißt: Japanische Literatur verstehen? Essays zur modernen japanischen Literatur und Literaturkritik. es 1608

Hörisch, Jochen: Gott, Geld und Glück. Zur Logik der Liebe in den Bildungsromanen Goethes, Kellers und Thomas Manns. es 1180

310/2/12.96

Literaturwissenschaft
in der edition suhrkamp

Jauß, Hans Robert: Literaturgeschichte als Provokation. es 418

Johnson, Uwe: Begleitumstände. Frankfurter Vorlesungen. es 1820 und es 3322

Kenner, Hugh: Ulysses. Aus dem Englischen von Claus Melchior und Harald Beck. es 1104

Krippendorff, Ekkehart: Politische Interpretationen. Shakespeare, Stendhal, Balzac, Wagner, Hašek, Kafka, Kraus. es 1576

– »Wie die Großen mit den Menschen spielen.« Goethes Politik. es 1486

Kristeva, Julia: Geschichten von der Liebe. Aus dem Französischen von Dieter Hornig. es 1482

– Mächte des Grauens. Ein Versuch über den Abscheu. Aus dem Französischen von Xenia Rajewski. es 1684

– Die Revolution der poetischen Sprache. Aus dem Französischen übersetzt und mit einer Einleitung versehen von Reinold Werner. es 949

– Schwarze Sonne – Depression und Melancholie. es 1594

Kultur und Konflikt. Herausgegeben von Jan Assmann und Dietrich Harth. es 1612

Lejeune, Philippe: Der autobiographische Pakt. Aus dem Französischen von Wolfram Bayer und Dieter Hornig. es 1896

»Literaturentwicklungsprozesse«. Die Zensur der Literatur in der DDR. Herausgegeben von Ernest Wichner und Herbert Wiesner. es 1782

Mahony, Peter: Der Schriftsteller Sigmund Freud. Aus dem Englischen von Helmut Junker. es 1484

de Man, Paul: Allegorien der Lektüre. es 1357

– Die Ideologie des Ästhetischen. Aus dem Amerikanischen von Jürgen Blasius. Herausgegeben von Christoph Menke. es 1682

Mayer, Hans: Das Geschehen und das Schweigen. Aspekte der Literatur. es 342

Über Hans Mayer. Herausgegeben von Inge Jens. es 887

Meckel, Christoph: Von den Luftgeschäften der Poesie. Frankfurter Vorlesungen. es 1578

Menninghaus, Winfried: Paul Celan. Magie der Form. es 1026

– Schwellenkunde. Walter Benjamins Passage des Mythos. es 1349

Moser, Tilmann: Romane als Krankengeschichten. Über Handke, Meckel und Martin Walser. es 1304

Mythos und Moderne. Begriff und Bild einer Rekonstruktion. Herausgegeben von Karl Heinz Bohrer. es 1144

310/3/12.96

Literaturwissenschaft in der edition suhrkamp

Oehler, Dolf: Pariser Bilder I (1830-1848). Antibourgeoise Ästhetik bei Baudelaire, Daumier und Heine. es 725

Ein Pronomen ist verhaftet worden. Die frühen Jahre in Rumänien - Texte der Aktionsgruppe Banat. Herausgegeben von Ernest Wichner. es 1671

Reichert, Klaus: Vielfacher Schriftsinn. Zu »Finnegans Wake«. es 1525

Rühmkorf, Peter: agar agar – zaurzaurim. Zur Naturgeschichte des Reims und der menschlichen Anklangsnerven. Textillustrationen vom Autor. es 1307

Schlaffer, Heinz: Der Bürger als Held. Sozialgeschichtliche Auflösungen literarischer Widersprüche. es 624

Sozialistische Realismuskonzeptionen. Dokumente zum 1. Allunionskongreß der Sowjetschriftsteller. Herausgegeben von Hans-Jürgen Schmitt und Godehard Schramm. es 701

Szondi, Peter: Theorie des modernen Dramas. es 27

Tendenz Freisprache. Texte zu einer Poetik der achtziger Jahre. Herausgegeben von Ulrich Janetzki und Wolfgang Rath. es 1675

Typologie. Internationale Beiträge zur Poetik. Herausgegeben von Volker Bohn. es 1451

Übersetzung und Dekonstruktion. Herausgegeben von Alfred Hirsch. es 1897

Uspenskij, Boris Andreevič: Poetik der Komposition. Struktur des künstlerischen Textes und Typologie der Kompositionsform. Herausgegeben und nach einer revidierten Fassung des Originals bearbeitet von Karl Eimermacher. Aus dem Russischen übersetzt von Georg Mayer. es 673

Vargas Llosa, Mario: Gegen Wind und Wetter. Literatur und Politik. Aus dem Spanischen von Elke Wehr. es 1513

– Die Wirklichkeit des Schriftstellers. (A Writer's Reality). Essays. Aus dem Englischen von Lieselotte Kolanoske. es 2003

Verteidigung der Schrift. Kafkas »Prozeß«. Herausgegeben von Frank Schirrmacher. es 1386

Zimmermann, Hans Dieter: Der babylonische Dolmetscher. Zu Franz Kafka und Robert Walser. es 1316

– Vom Nutzen der Literatur. Vorbereitende Bemerkungen zu einer Theorie der literarischen Kommunikation. es 885

310/4/12.96

AESTHETICA
in der edition suhrkamp

Deleuze, Gilles: Kritik und Klinik. Aus dem Französischen von Joseph Vogl. es 1919

– Die Logik des Sinns. Aus dem Französischen von Bernhard Dieckmann. es 1707

Felman, Shoshana: Der Wahnsinn und das Literarische. Aus dem Französischen von Dieter Hornig. es 1918

Genette, Gérard: Palimpseste. Die Literatur auf zweiter Stufe. Aus dem Französischen von Wolfram Bayer und Dieter Hornig. Herausgegeben von Karl Heinz Bohrer. es 1683

Hertz, Neil: Die Spiegelung des Unsichtbaren. Die Psychoanalyse und das Erhabene. Aus dem Amerikanischen von Isabella König. es 1939

Kristeva, Julia: Mächte des Grauens. Ein Versuch über den Abscheu. Aus dem Französischen von Xenia Rajewski. es 1684

Lacoue-Labarthe, Philippe: Die Nachahmung der Modernen. Aus dem Französischen von Thomas Schestag. es 1708

Lejeune, Philippe: Der autobiographische Pakt. Aus dem Französischen von Wolfram Bayer und Dieter Hornig. es 1896

de Man, Paul: Die Ideologie des Ästhetischen. Aus dem Amerikanischen von Jürgen Blasius. Herausgegeben von Christoph Menke. es 1682

Übersetzung und Dekonstruktion. Herausgegeben von Alfred Hirsch. es 1897

318/1/3.96

Kulturgeschichte in der edition suhrkamp

Brunkhorst, Hauke: Der Intellektuelle im Land der Mandarine. es 1403
Engler, Wolfgang: Die ungewollte Moderne. Essays. es 1925
– Die zivilisatorische Lücke. Versuche über den Staatssozialismus. es 1772
Hörisch, Jochen: Kopf oder Zahl - Die Poesie des Geldes. es 1998
Holbein, Ulrich: Der belauschte Lärm. es 1643
– Ozeanische Sekunde. es 1771
Kleinspehn, Thomas: Warum sind wir so unersättlich? Über den Bedeutungswandel des Essens. es 1410
Kurnitzky, Horst: Der heilige Markt. es 1886
Mythos und Moderne. Begriff und Bild einer Rekonstruktion. Herausgegeben von Karl Heinz Bohrer. es 1144
Scholem, Gershom: Über einige Grundbegriffe des Judentums. es 414 und es 3317
Vernant, Jean-Pierre: Die Entstehung des griechischen Denkens. Aus dem Französischen von Edmund Jacoby. es 1150
Veyne, Paul: Glaubten die Griechen an ihre Mythen? Ein Versuch über die konstitutive Einbildungskraft. es 1226
Die Wiederkehr des Körpers. Herausgegeben von Dietmar Kamper und Christoph Wulf. es 1132

308/1/12.96